보드게임,
교육과 만나다

게이미피케이션을 활용한 리터러시 교육

보드 게임, 교육과 만나다

교육용 보드게임 활동자료집

문제 해결력과 사고력을 길러 주는 '게임+교육'의 힘

박점희·은효경 지음

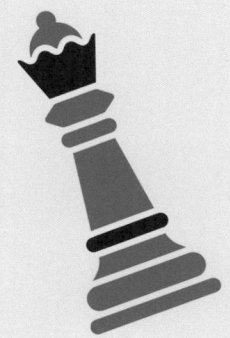

애플북스

들어가며

교육의 게임화

게이미피케이션, 교육과 보드게임이 만나다

"게이미피케이션이 뭐예요?"

'게임'에 '~化(~fication)'를 붙여 만든 말이다. 우리말로 바꾸면 '게임화(Gamification)'가 적당하겠다. 게임화란 게임이 아닌 것에 게임적 사고와 게임 기법을 활용하여 문제를 해결하고 사용자를 몰입시키는 과정을 말한다.

그 예로 윈도우즈에 기본적으로 설치된 '프리셀'을 들 수 있다. 이는 카드를 순서대로 나열하는 게임으로 마우스의 사용법을 숙달시키기 위해 개발된 게임이다. 또 다른 예로 덕평휴게소의 남자 화장실 소변기에 설치된 '강한 남자 찾기' 게임을 들 수 있다. 이 게임은 '한 발짝 더 가까이' '남자가 흘리지 말아야 할 것은 눈물만이 아닙니다' 등의 문구로는 해결되지 않는 문제, 즉 소변이 밖으로 튀는 문제를 해결하고자 고안된 게임이다. 실제로 설치 후 밖으로 튀는 소변량이 상당량 줄었을 뿐만 아니라 휴게소 이용객들의 재방문율이 증가하기도 했다.

교육적인 측면에서 이야기해 본다면, 교육 즉 학습을 위해 경쟁심을 끌어내거나 행동에 대한 보상 지급 등의 게임 메커니즘을 접목해 문제 해결과 지식 전달, 행동 및 관심 유도로 재미있게 학습하도록 하는 데 그 목적이 있다. 이렇게 이야기하면 게임화는 속임수 내지는 꼼수처럼 보인다.

"선생님 사기꾼 같아요!"

"그럼 앞으로 게임은 하지 말까?"

"아뇨. 게임 재미있어요!"

"좋아요."

"다음 시간에 또 해요, 선생님!"

아이들과 게임화 수업 후 나눈 대화다. 게임화가 학습을 위한 단순한 속임수만은 아니다. 게임화는 지루한 학습 내용을 즐거운 놀이나 활동으로 바꿔나가면서 학습자를 몰입시킨다. 학습자 스스로가 주체적으로 참여하게 되고, 친구들과 소통하며 진행한다는 점에서 의미가 있는 수업 형태다.

중학생 자유학년제 수업에 게임화를 도입한 이유도 여기에 있다. 제과제빵반, 토탈공예반 등 과목 대부분이 공부라는 인식이 적은 프로그램으로 진행되는 반면, 미디어, 뉴스 등의 이름이 붙은 우리 반은 읽고 이해하고 결과물을 생산해야 하는 과정으로 진행되는 수업이었다. 그러다 보니 늘 가위바위보에서 지는 바람에 어쩔 수 없이 오는 아이들이나 상대적으로 학습 의욕이 저조한 아이들과 수업을 해야 했는데, 이는 결코 쉬운 일이 아니었다. 교육 효과도 높이고 학습의 재미도 느끼게 할 새로운 교육법을 고민해야 했다. 이때 떠오른 것이 게임화 수업이었다.

그 효과에 대해서는 뒤에 이어지는 보드게임 활동편에서 자세히 이야기하겠지만 여기서 짧게 언급하자면, 평소 신문을 읽지 않는 아이들이 게임을 통해 신문을 읽게 되었고, 무엇보다 수업 시간에 졸거나 잠을 자는 아이들이 사라졌다는 점에서 성과를 거두었다고 본다. 교육에 게임의 플레이 기술을 잠시 빌려왔을 뿐인데, 이를 통해서 학습을 촉진하고 문제를 해결하는 효과를 거둔 것이다.

그렇다면 정말 게임화로 학습이 가능할까?

수업에서 게임을 한다고 하면 아이들은 환호성을 지르는 반면 선생님이나 학부모들의 반응은 시원찮다. 게임화가 '학습의 격'을 떨어뜨린다고 생각하는 듯하다. 그러나 실제 게임화가 이루어지는 교실로 들어가 보면 주제발표, 토론, 협업 등의 진지한 학습 방법들이 함께 진행되고 있음을 확인할 수 있다. 제대로 설계된 게임화는 학습자가 짧은 시간 동안 집중하게 하여 학습의 효과를 높일 수 있다. 학습을 바탕으로 이루어지는 스토리텔링과 게임화로 이루어내는 문제 해결은, 학습의 효과를 극대화할 수 있고 학습을 재미있는 것으로 인식시킬 수 있다.

학습자는 어떨 때 자신이 가장 많이 배운다고 생각할까? 고정관념 때문인지는 모르겠으나, 사람들은 누군가로부터 지도와 가르침을 받을 때 가장 많이 배운다고 생각하게 되는 경향이 있다. 그래서 전통적인 학습 방법이 가장 효과적인 학습 방법으로 선택되기도 한다. 그러나 전통적인 학습 방법은 너무 일방적이고 지루해지기 쉽기 때문에 학습자가 스스로 의지를 갖고 있지 않다면 남는 것이 없는 공허한 교육이 되기 쉽다. 1992년 랜들(Randel)이 과거 28년간의 사례를 분석한 결과를 봐도 게임화 수업이 전통적 교육 방법보다 효과가 높다는 걸 알 수 있다. 가장 효과적인 영역은 언어와 수학이며 그다음은 사회과학 분야 순이다.

지금까지의 전통적인 학습 방법이 더 높은 효과를 거두기 위해서는 최근 주목받고 있는 학습자 중심 수업과 접목해야 한다. 배움과 함께 재미도 있어야 하며, 학습자의 자발적 참여를 통해 오래도록 기억에 남을 수 있는 수업을 할 수 있어야 한다. 학습자의 몰입을 유도하고, 배움에 대한 교육의 효과도 얻을 수 있을 것이다. 특히 보드게임 형태의 게임화는 더욱 다양한 학습 효과를 가져온다.

솔선수범, 지도자부터 보드게임에 빠지자

"보드게임 해 보신 분?"

(50여 명 가운데 두 명이 손을 들었다.)

"어릴 적에 뱀주사위 게임 해 보신 분 없으세요?"

"그게 뭐예요?"

"그러면 주사위를 굴려서 앞뒤로 몇 칸씩 이동하는 게임은요?"
"우리 아이들 하는 거, 본 적은 있어요."

보드게임 연수를 가면 내가 가장 먼저 묻는 것이 보드게임 해 보았냐는 질문이다. 이 질문 속에는 '보드게임이 뭔지는 아시죠?'라는 의미도 포함되어 있다. 그런데 어느 교육청 도서관과의 사서들을 대상으로 진행한 '북 보드게임' 연수에서는 대상자 대부분이 생소하다는 반응이었다. 그래서 이유를 생각해 보았는데, 첫째는 게임 참여자들의 연령대가 높다는 데 있었다. 지금이야 마트는 물론이고 문구점에서도 흔하게 살 수 있고, 보드카페에서 쉽게 접할 수 있는 게 보드게임이다. 하지만 평균 40세 이상 어른들의 학창시절에는 그럴 수 없었기에, 보드게임 경험은 고사하고 보드게임이 무엇인지에 대한 이해도 부족한 게 당연했다. 이런 반응은 다른 지역에서 만난 비슷한 연령대의 교사들에게서도 마찬가지였다. 둘째는 지역적 특성을 들 수 있다. 나는 부산에서 초등학교를 다녔는데, 당시 가장 흔했던 놀이가 마분지 한 장으로 모든 것이 해결되는 간단한 것들이었다. 그중 대표적인 것이 인형옷입히기, 동그란 딱지놀이, 뱀주사위 놀이였다. 뱀주사위 놀이판은 문방구에서 30원에 판매했는데, 종이가 귀하던 시절인지라 이마저도 도시에서나 흔했지 시골에서는 쉽게 볼 수 없던 것이었다. 초등학생의 버스요금이 30원이고 짜장면이 150원이던 시절이니, 30원 하는 종이판이 싼 것은 아니었다. 아무튼, 보드게임의 '보'자도 경험하지 못했는데, 어떻게 보드게임 수업을 할 수 있을까!

"선생님들께서도 보드게임 경험이 다 있으세요."

분명 조금 전 손을 든 사람이 한 사람도 없었는데 이건 또 무슨 말인가? 보드게임이 어떤 것인지만 정확하게 이해한다면 금방 이해가 갈 것이다.
보드게임이란 두 명 이상의 사람이 보드(판), 카드, 주사위, 말 등의 도구를 이용하여 일정한 규칙에 따라 진행하는 게임을 말한다. 즉 보드가 있으면 그게 보드게임이다. 그렇다면 그들은 어떤 보드게임을 해 보았을까?

"윷놀이, 카드놀이, 화투, 체스 중 하나라도 해 보셨죠?"
"그것도 보드게임이에요?"
"카드놀이나 화투는 판이 없는데 그게 어떻게 보드게임인가요?"
"갖춰진 판이 생략된 것뿐이지, 들고 있는 카드를 내려놓을 게임판이 있어야 하니까요."
"아~~~"

보드 위에서 진행되면 모두 보드게임이라는 이야기다. 즉 아날로그 게임의 대부분이 보드게임이다. 그런데 문제는 사람들이 윷놀이와 화투 같은 단순한 게임은 해 보았지만, 주사위를 굴리고 말을 이동하고 카드에 제시된 명령을 이행하는 게임은 해 본 경험이 적다는 거다. 그래서 일단은 놀아 보아야 한다.

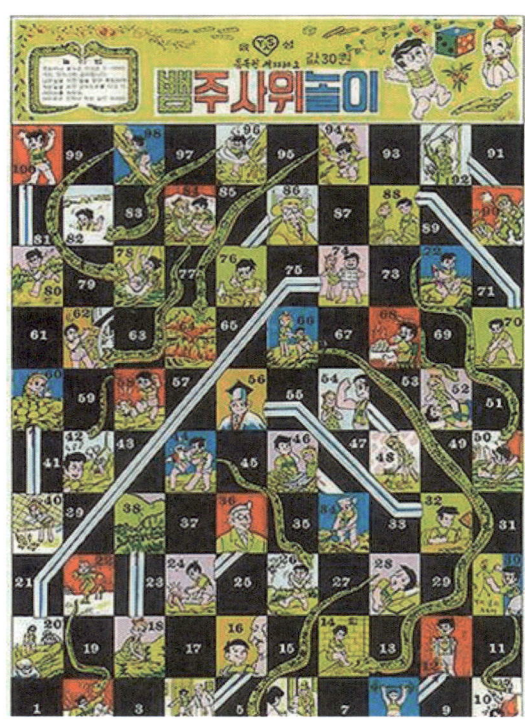

앞에서 잠깐 이야기했던 뱀주사위 게임으로 놀아 보자. 어릴 적에는 주사위를 굴려서 노는 게임이 많지 않았다. 그리고 이런 놀이를 보드게임이라고 부르는지도 몰랐다. 그저 인형옷입히기 놀이를 할 때 사용하는 한 장의 종이와 주사위는 하루를 재미있게 보내게 해 주는 놀이도구에 지나지 않았다. 이 한 장의 종이가 교육의 도구가 될 수 있다고는 생각도 못 했던 것이다.

그런데 어른이 된 지금 다시

들여다보니, 이 한 장에 우리의 인생과 도덕이 들어 있다. 운동하면 건강해지니까 앞으로 4칸, 열심히 공부하면 대학에 진학할 수 있으니 또 앞으로 23칸, 불장난하면 화재로 많은 것을 잃으니 뒤로 30칸 가는 게임. 이것이 '뱀주사위 게임'이다. 이 게임은 시대에 따라 조금씩 내용이 바뀌었다. 70년대에 만들어진 놀이판은 이전에 만들어진 것과 달리, 간첩을 신고하면 무려 54칸이나 위로 올라가도록 반공사상이 첨가되어 있었다. 실제로 주사위를 잘 굴린 어느 참여자는 네 번 만에 100번 칸에 도달하기도 했다.

여기서 한번 생각해 보자. 나는 어린 시절 이 게임을 숱하게 했지만 놀이 외에는 어떤 의미도 없었다. 그런데 만약 선생님이 아이들에게 그림 속에 담긴 이야기를 발표하게 하거나, 오르고 내리는 의미에 대해 고민해 보게 한다면 어떨까? 이것이 놀이와 게임화의 차이가 아닐까 싶다.

다시 보드게임을 체험하는 이야기로 돌아가 보자. 일단 주사위를 던지고 놀아 보아야 한다. 말로만 듣고, 머리로만 이해하면 굉장히 단순하고 허접스러운 게임 같기도 하다. 그래서 '이게 교육이 된다고?'라고 생각할 수 있다. 이런 생각을 하지 않으려면, 그리고 앞으로 보드게임으로 교육을 하려면 먼저 놀아 보라는 거다. 교재 안에 있는 게임을 해 보아도 좋지만, 교육용으로 제작된 것과 그렇지 않은 것의 차이를 이해하고 싶다면 시판되고 있는 보드게임을 해 보길 권한다.

주사위와 말만 추가하면 되는 뱀주사위, 문방구에서 쉽게 구할 수 있고 한국인들에게 잘 알려진 블루마블, 다이소에서 저렴하게 구할 수 있는 세계여행, 이 세 가지 보드게임을 추천한다. 만약 '이 정도는 나도 해 봤어!'라고 생각한다면 바로 책 읽기로 들어가도 좋을 듯하다.

게임, 학습으로 다가가는 새로운 접근법

게임은 오랜 역사와 문화 속에서 발전해 왔다. 최초의 서양식 주사위 보드게임인

백개먼(Backgammon), 아시아 최초의 보드게임이자 체스의 유래가 된 인도의 차투랑가(Chaturanga), 우리나라 최초의 보드게임인 삼국시대 윷놀이 등이 대중에게 오랫동안 사랑받고 있는 게임이다.

보드게임은 여러 사람이 어울려 소통하며 진행하는 아날로그 방식의 대표적인 오프라인 게임이다. 이러한 보드게임의 특징은 무엇일까? 첫째, 게임에는 일정한 규칙이 있다. 이 규칙은 게임의 목적에 따라 다양하게 나타난다. 오른쪽 혹은 왼쪽으로 돌아가는 플레이 방식에서부터, 종료 조건과 승리 조건 등은 모두가 미리 정해진 규칙을 따른다. 이 규칙들은 플레이어에 의해 융통성을 보이기도 한다. 예를 들어 화투의 고도리 점수가 지역에 따라 다르게 계산되는 것과 같다. 이때 플레이어들은 자신이 가진 규칙에 대한 정보를 공유하고, 플레이 결과가 자신에게 유리하도록 규칙 선정에서부터 경쟁을 하기도 한다. 게임에서 소통의 역할이 필요한 순간이다. 둘째, 게임의 목적은 목표 달성에 있다. 게임에서 이기기 위해 플레이어는 끝까지 종주하거나, 더 많은 돈을 모으고, 손에 들고 있는 카드를 모두 없애는 등의 목표를 달성하고자 노력한다. 셋째, 게임 인원, 시간, 공간에 제약이 있다. 물론 요즘은 온라인 형태로도 나오기 시작했지만, 대부분 보드게임은 오프라인 방식으로 진행된다. 모바일 게임이 스마트폰 하나면 어디에서나 가능한 반면, 보드게임은 게임에 따라 플레이어의 인원수를 제한하기도 하고, 다양한 도구들을 펼쳐 놓아야 하므로 공간에 제약도 따르며, 시간이 많이 소요된다는 단점이 있다. 이러한 게임을 교육에 활용하기 위해서는 다음 몇 가지를 함께 고민해야 한다.

❈ 동기 유발

동기는 인간이 어떤 일이나 행동을 하도록 유발하고, 방향을 제시하며, 그러한 상태를 유지하도록 하는 것을 말한다. 교육 게임화에서 게임을 교육에 접목하는 가장 중요한 이유는 동기를 강화하기 위함이다. 나 역시 중학생 친구들에게 가장 먼저 게임화를 들이댄 이유가 수업이 재미있을 것이라는 동기 부여 때문이었다. 평소에도 호기심이 많고 자기 스스로 목표를 세우거나 책임을 지는 내재적 동기가 높은 학생이라면 문제가 되지 않지만, 대부분 중학생들은 학습에 대한 내재적 동기가 높지 않은 편이다. 그래서 칭찬과 같은 보상으로 외재적 동기를 유발해야 한다. 그러한 외재적 동기 중 하나로, 학생들의 흥미를 높이고 경쟁과 협동을 유발하는 보드게임을 접목한 것이다.

❖ 피그말리온 효과

피그말리온 효과란 타인의 긍정적인 기대나 관심이 좋은 영향을 미쳐 성취도나 집중도가 높아지는 현상을 말한다. 자신에 대한 긍정적인 기대에 부응하기 위해 스스로를 변화시키는 경향을 보이기 때문에 자기충족적 예언이라고 칭하기도 한다.

게임은 기본적으로 긍정적 보상 구조가 일반화되어 있다. 이러한 보상 구조가 학습자 자신을 변화시킨다. 그러므로 게임에서 지더라도 패자가 아니다. 또한, 학습자가 게임 개발자의 입장에서 즐긴다면 피그말리온 효과는 더욱 커질 것이다.

❖ 피드백

학습자는 학습 과정을 통해 생산한 결과물과 그에 대한 피드백을 통해 성장하는 경험을 하게 된다. 학습의 과정과 게임을 개발하는 과정에서 학습자가 무엇을 잘못 생각하였는지, 잘못 생각한 이유는 무엇인지 등에 대한 피드백을 통해 학습 성과를 높일 수 있다. 이때 게임 도중 토의나 토론을 통해 1차 또래 피드백을 진행함으로써 게임화에 재미를 더할 수 있다. 보드게임 수업에서는 교육의 목표가 얼마나 성실하게 수행되었는지, 학습자 개개인이 보여준 학습 내용 가운데 교사가 덧붙일 이야기는 무엇인지에 대해 마무리 피드백을 해 주어야 한다. 수업을 마치는 마무리 단계에서 교사가 우수한 점, 학생들이 다시 생각할 부분, 개선 방법 등을 알려 주는 2차 피드백을 진행한다.

보드게임을 수업하는 어느 선생님은 "보드게임은 말 그대로 게임인데, 무조건 재미있어야 해요"라고 말한다. 맞는 말이다. 하지만 우리의 목적은 게임을 위한 게임이 아니다. 교육을 더욱 재미있게 만들고, 학습자 스스로 움직이게 하도록 보드게임을 접목하여 게임화 수업을 하는 것이다. 그러므로 재미만 남고 교육은 사라진 형태의 수업을 하면 안 된다. 보드게임을 접목하여 게임화 수업을 하는 목적을 잊지 말아야 할 것이다.

게임화, 수업을 설계하라

교육 게임화를 위해서는 게임화의 설계를 고민해야 한다. 게임을 구성하는 요소로는 이야기, 메커니즘, 기술, 미적 요소가 있다.

❖ 이야기

게임을 통해 학습하고자 하는 내용 즉 목적을 의미한다. 앞에서 보았던 블루마블과 같이 플레이어가 선택한 상황에 따라 다른 삶을 사는 스토리가 전개되기도 하고, 설민석의 역사 보드게임과 같이 시대를 주제로 하나의 갈래로 이어지기도 한다.

❖ 메커니즘

게임을 구성하는 규칙을 의미한다. 학습자가 게임 안에서 할 수 있는 행동을 규정하고, 그것을 성공했을 때와 성공하지 못했을 때의 상이나 벌을 규정짓는다. 이 상과 벌은 이미 제작된 게임을 할 때는 단순한 재미에서 그치지만, 학습자 스스로가 게임을 만들 때는 학습자의 자발적 참여를 유도하는 역동적인 메커니즘으로 작용하게 된다.

❖ 기술

게임을 만드는 데 필요한 기술과 재료를 의미한다. 보드게임에 카드나 주사위 또는 토큰 등의 다양한 도구 가운데 어떤 것을 넣어 게임을 만들 것인지에 대한 기술적인 면을 이야기한다. 플라스틱이나 종이 등의 다양한 재료 가운데 어떤 소재로 보드게임을 만들지에 대한 선택 등도 포함한다.

❖ 미적 요소

같은 게임이라도 미적 요소가 있는 것과 없는 것의 차이는 크다. 온라인의 경우 소리 등이 여기에 해당하며, 오프라인 게임의 경우 색깔과 그림 등을 들 수 있다.

자, 이제 게이미피케이션의 이론은 여기에서 마치고, 보드게임 활용편을 살펴보도록 하자. 여기에 제시한 게임들은 실제 수업에서 학습자들과 진행했던 게임이다. 게임을 따라 즐기기만 해도 교육 게임화에 대해 어느 정도 성공을 거둘 수 있다. 그러나 거기에 안주하지 않고, 내가 가르치는 과목과 내가 이야기하고자 하는 주제 등을 토대로 직접 게임을 만들어 보는 방법도 함께 고민해 보면서 읽기를 권한다.

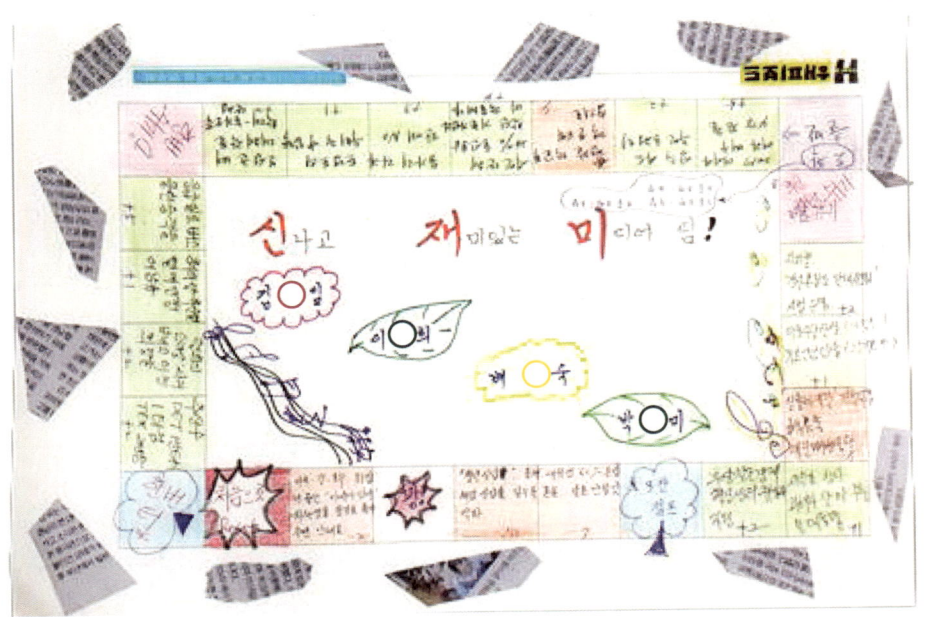

차례

들어가며 : 교육의 게임화 ··· 004

01 인성 초등

인재가 갖추어야 할 덕목 ··· 018
덕목 메모리 Q ··· 020
오르고 내리고 고고씽 ··· 028

02 동화 초등

책 속에 담긴 스토리를 게임으로 풀다 ··· 040
감성 책놀이 ··· 043
같은 주제, 다른 책 이야기 ··· 052

03 역사 초등, 중등

역사 마니아 vs 지긋지긋한 역사 ··· 062
보드게임으로 즐기는 말랑말랑 한국사 ··· 064
카드로 즐기는 의궤 게임 ··· 078

04 사회 초등, 중등

사회, 그 속에서 찾은 문화 게임 ··· 090
서울 지하철 나들이 ··· 092
기찻길 따라 전국문화투어 ··· 103

05 진로 〔중등〕

게임으로 만나는 10년 뒤 나의 미래	⋯ 118
10년 후 나의 미래직업	⋯ 120
4차 산업혁명 시대 인생진로 게임	⋯ 138

06 문학 〔중등, 고등〕

| 우리 문학의 아름다움을 게임으로 맛보다 | ⋯ 152 |
| 이 문학, 저 문학 | ⋯ 154 |

07 뉴스 〔중등, 고등〕

뉴스 리터러시를 보드게임으로 만나다	⋯ 172
뉴스 리터러시 보드게임 1단계	⋯ 175
뉴스 리터러시 보드게임 2단계	⋯ 184

08 사고 〔중등, 고등〕

카드 게임 속으로 들어간 토의·토론	⋯ 196
육하원칙 토론 게임	⋯ 198
갈등의 해결사를 찾아라	⋯ 208

09 경제 〔중등, 고등〕

어려운 경제, 보드게임으로 다가가다	⋯ 218
글로벌무역 게임	⋯ 220
세계투자 게임	⋯ 231

나가며: 교육의 게임화, 이제 시작이다 ⋯ 246

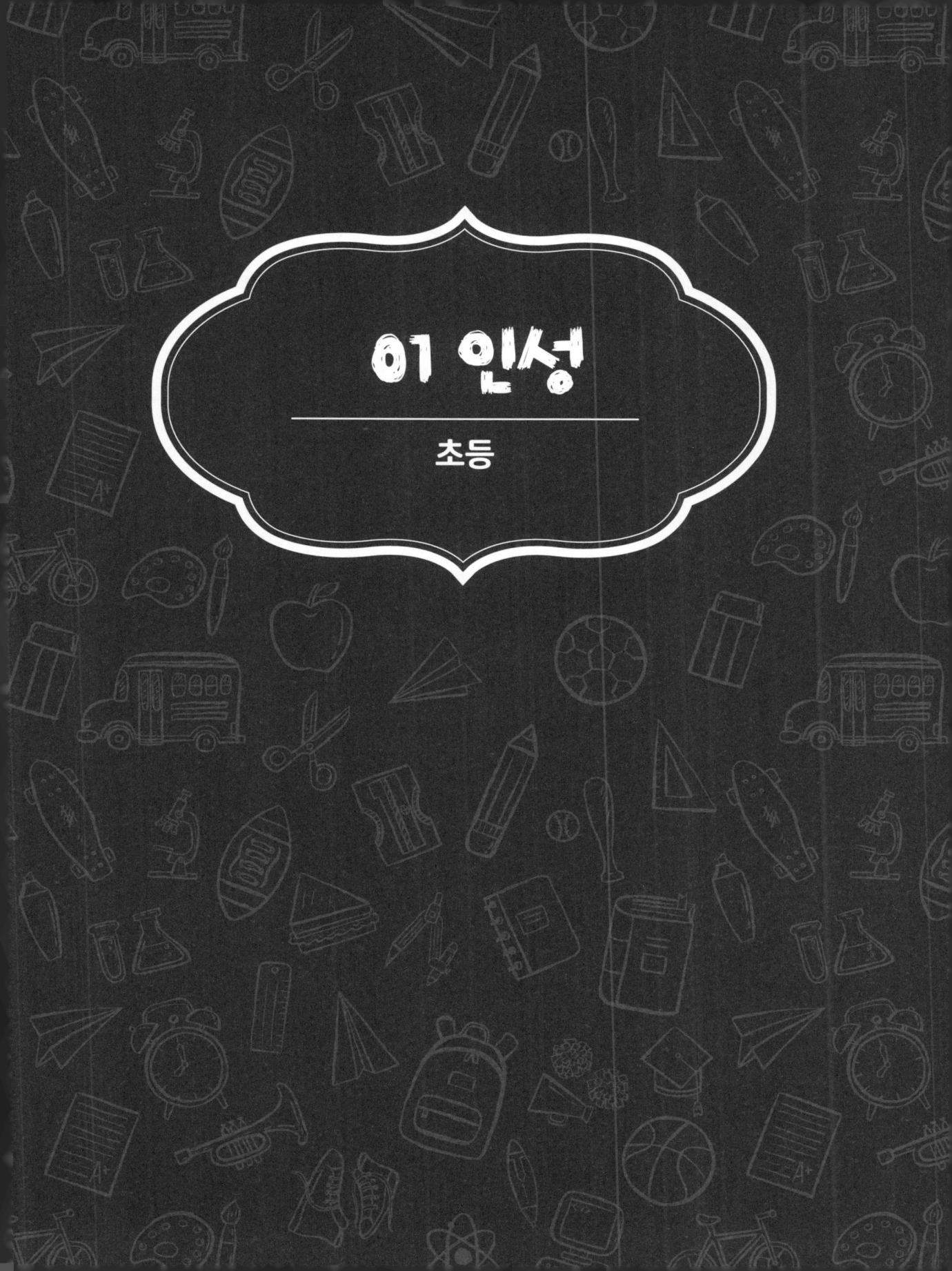

인재가 갖추어야 할 덕목

2015년에 인성교육을 의무로 규정한 인성교육진흥법이 시행되었다. 인성교육은 '자신의 내면을 바르고 건전하게 가꾸며 타인, 공동체, 자연과 더불어 사는 데 필요한 인간다운 성품과 역량을 기르는 것을 목적으로 하는 교육'이다. 즉 인성교육진흥법의 목적은 건전하고 올바른 인성을 갖춘 시민 육성에 있다. 이에 따라 전국의 초·중·고등학교는 매년 초 인성교육 계획을 교육감에게 보고하고 운영하도록 하고 있다. 학교에서 시행하는 인성교육은 교과 교육과정뿐만 아니라 교과 외 교육에서도 체계적으로 운영되도록 하는 것은 물론이다.

한 기관에서 미디어를 활용한 인성 자료를 개발할 때의 일이다. 당시 미디어 교육 전문가 두 명과 초·중·고등학교 선생님 각각 한 명씩, 모두 다섯 명이 팀으로 구성되어 자료 개발 연구를 했다. 자료를 개발하는 동안 초등학교 선생님이 내내 강조했던 내용은 도덕 교과서처럼 만들지 말아 달라는 것이었다. 딱딱하고 지루하게, 이래라저래라 하는 명령조의 교재는 아이들에게 더는 환영받지 못한다는 것이다. 중학교 선생님도 한마디 덧붙였다. 정답이 정해진 교재가 아니라, 학습자 스스로가 생각해 보고 답을 찾아갈 수 있도록 구성하면 좋겠다는 것이다. 두 선생님의 말을 종합해 보면 인성 자료라고 해서 '이렇게 사는 것이 올바른 삶이다' 하는 방식의 교과서는 학습자에게 환영받지 못한다는 이야기다. 그렇다면 어떻게 구성해야 학습자들에게 환영받는 인성 자료를 만들 수 있을까? 그리고 어떻게 해야 쉽고 재미있게 인성을 지도할 수 있을까?

　인성교육진흥법의 목적을 달성하기 위해서 갖추어야 할 덕목은 예, 효, 정직, 책임, 존중, 배려, 소통, 협동이다. 2017년에 8덕목 가운데 효를 삭제해야 한다는 개정안이 발의된 상태이다. 아무튼, 우리는 이 여덟 가지의 덕목이 인성교육에서뿐만 아니라, 삶을 살아가는 데 필요한 것이라는 사실을 잘 알고 있다. 하지만 하나하나 그 뜻을 제대로 설명할 수 있는 것은 얼마나 될까? 알긴 알지만 제대로 알지 못하고 대충 이해하고 넘어가기 때문에 생기는 현상이다. 그래서인지 생활 속에서도 제대로 실천하기 어려워 보인다.

　자, 지금부터 인성의 8덕목의 뜻도 알고, 그것들이 가진 가치도 알 수 있는 게이미피케이션을 시작해 보자.

　첫 번째 만나는 게임화는 인성교육이다. 가장 먼저 소개되는 방식은 어휘력을 잡을 수 있는 메모리 게임이다. 인성교육에 적용 후 학습 방법이 익숙해지면 어휘력 게임에도 적용해 보자.

덕목 메모리 Q

❖ 학습목표
인성교육진흥법의 8덕목의 뜻과 가치를 알고, 생활화할 수 있다.

- **지식정보처리 역량**
  인성교육진흥법의 8덕목을 알고, 덕목의 뜻과 가치를 안다.
- **심미적 감성 역량**
  인간에 대한 공감적 이해를 바탕으로 삶의 가치를 향유할 수 있다.
- **자기관리 역량**
  자아정체성과 자신감을 가지고 자신의 삶에 필요한 기초 인성을 갖추어 자기 주도적으로 살아갈 수 있다.

❖ 준비물
활동자료

❖ 학습절차

도입	모둠 짓기 4명이 한 모둠이 되도록 구성한다.
진행1	인성 8덕목과 관련된 수업을 진행한다. 한 모둠에 인성 8덕목 메모리카드 1장을 나누어 준다. 학습자가 선대로 잘라 정사각의 빈 카드 16장을 만든다. 모둠 1명이 빈 카드 4장을 받는다. 4장 중 2장이 한 세트이며, 한 장엔 덕목 단어를 쓰고 다른 한 장엔 덕목의 뜻을 쓴다.

	학습자 한 사람이 2개의 덕목카드를 작성하면 된다. 빈 인성 8덕목 메모리카드는 학습자 스스로 채워서 만든다.
진행2	완성된 16장의 카드는 내용이 보이지 않도록, 4×4의 형태로 책상 위에 정리해 놓는다. 메모리 게임은 2장의 카드를 뒤집어서 같은 카드가 나오면 가져가는 게임이다. 플레이어는 한 번에 2장의 카드를 뒤집는다. 2장 중 한 장은 덕목 단어가, 다른 한 장은 단어에 맞는 뜻이 나오면 가져간다. 이때 뜻이 맞는지 아닌지를 확인하기 위해서 내용을 읽도록 한다. 예) **절제** / 정도에 넘지 아니하도록 알맞게 조절하여 제한함
마무리	게임을 마친 후 교사가 인성 8덕목에 관한 퀴즈를 내거나, 인성 8덕목을 실천하려면 어떻게 해야 하는지 등에 대한 질문으로 수업을 마무리한다.

활동자료 ① 인성 8덕목 메모리카드 : B4 크기로 1모둠에 1장 출력

인성 8덕목	인성 8덕목	인성 8덕목	인성 8덕목
인성 8덕목	인성 8덕목	인성 8덕목	인성 8덕목
인성 8덕목	인성 8덕목	인성 8덕목	인성 8덕목
인성 8덕목	인성 8덕목	인성 8덕목	인성 8덕목

❖ 학습도움말

인성 8덕목을 수업하는 방법은 다양하다.

1. 앞에서 제시한 바와 같이 학습자 스스로가 만들어서 할 수도 있다.

2. 메모리카드의 수를 추가할 수 있다. 이때 가로×세로가 정사각이 되도록 구성한다. 예를 들면 제시된 카드가 4×4이므로, 5×5가 되도록 9장을 추가한다. 추가된 카드에는 8덕목 이외의 인성 덕목을 제시할 수 있다. 그런데 2장씩 짝이 되는 카드에 덕목을 기록하고 나면 홀수의 카드가 남게 된다. 이 카드를 어떻게 활용할 것인가를 고민해 보아야 한다. 예를 들어 초등 덕목 열두 가지로 24장의 메모리카드를 만들면 1장의 카드가 남게 된다. 이 경우에 남은 한 장의 카드를 어떻게 활용할 것인지 생각해야 한다. 첫 번째는 지도자가 방법을 제시한다. '꽝'을 비롯하여 '다시 섞어서 놓기' '외곽 카드 한 바퀴 돌리기' 등의 규칙을 넣을 수 있다. 두 번째는 빈 카드 활용 방법을 학습자에게 맡기는 방법이다. 학습자 스스로 규칙을 정하도록 하는 과정을 통해 합리적 의사소통 방법과 결과 도출을 경험하게 된다.

3. 21페이지 진행 2의 '예'와 같이 지도자가 직접 만들어서 제공할 수 있다. A4 크기로 인성 덕목카드를 만들고, 120g 또는 160g 종이에 출력한다. 이때 자르는 과정은 학습자에게 맡긴다. 학습자가 가위로 자르는 동안 8덕목과 덕목의 뜻에 관심을 갖게 된다. 메모리카드를 뒤집고 뜻을 반복적으로 읽는 게임을 통해 인성 8덕목을 자연스럽게 익히게 된다.

4. 이미지를 활용한다. 한 장엔 덕목과 설명을 쓰고, 다른 한 장엔 그것을 그림으로 나타내어 준비한다. '그림을 그리는 것이 무슨 의미가 있을까?' '그림을 못 그리는 아이들은 어떻게 하지?'라고 생각할 수 있다. 하지만 여기서 중요한 것은 그림을 잘

감사	겸손	공평	관용	친절	믿음	배려
보람	사랑	성실	신중	약속	양심	예의
용기	유머	이해심	인내	정직	존중	책임

고맙게 여김	타인을 존중하고 자기를 내세우지 않는 태도	어느 쪽으로도 치우치지 않고 고름	남의 잘못을 너그럽게 받아들이거나 용서함	대하는 태도가 매우 정겹고 고분고분함	어떤 사실이나 사람을 믿는 마음	도와주거나 보살펴 주려고 마음을 씀
어떤 일 뒤에 얻어지는 좋은 결과나 만족감	남을 몹시 아끼고 귀중히 여기는 마음	정성스럽고 참됨	매우 조심스러움	다른 사람과 앞으로의 일을 미리 정하여 둠	자기의 행위에 대하여 옳고 그름과 선과 악의 판단을 내리는 도덕적 의식	존경의 뜻을 표하기 위해 예로써 나타내는 말투나 몸가짐
씩씩하고 굳센 기운	남을 웃기는 말이나 행동	사정이나 형편을 잘 헤아려 주는 마음	괴로움이나 어려움을 참고 견딤	마음에 거짓이나 꾸밈이 없이 바르고 곧음	높이어 귀중하게 대함	맡아서 해야 할 임무나 의무

그리는 것이 아니라, 내용을 이해할 수 있도록 그리는 것이다. 그러기 위해서는 덕목을 제대로 이해하여야 하고, 그 덕목을 어떤 상황과 연결해서 나타낼 것인지에 대해 생각해 보면 된다. 학습자는 그림을 준비하는 과정을 통해 친구들과 소통하며 글로 익힌 덕목을 제대로 이해하게 된다.

메모리카드 형태의 수업은 뒤에서 이야기할 뉴스 리터러시 보드게임에서도 활용 가능하다. 앞에서 이야기한 4번의 방법을 활용해 보자. 두 장 가운데 한 장엔 뉴스의 제목을 붙인 후 간추린 내용을 쓰고, 다른 한 장엔 뉴스와 관련된 사진을 붙여서 준비한다. 각자 주어진 분량을 만든 후 모둠원에게 자신이 본 뉴스에 대해 설명한다. 그런 후 메모리 게임을 실시한다. 이러한 게임을 통해 한 사건에 대해 더 오래 기억하는 효과를 거둘 수 있다.

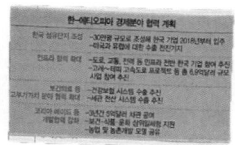

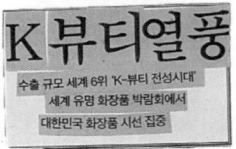

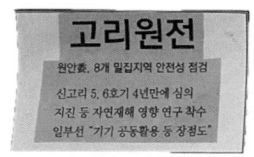

학습정리

덕목 메모리 Q

다음을 바르게 연결해 봅시다.

예절 •　　　　　　　　　　• 도와주거나 보살펴 주려고 마음을 씀

효도 •　　　　　　　　　　• 높이어 귀중하게 대함

정직 •　　　　　　　　　　• 예의, 즉 사람이 지켜야 할 도리에 관한 모든 절차나 질서

책임 •　　　　　　　　　　• 뜻이 서로 통하여 막히지 않음

존중 •　　　　　　　　　　• 마음에 거짓이나 꾸밈이 없이 바르고 곧음

배려 •　　　　　　　　　　• 부모를 정성껏 섬기는 도리

소통 •　　　　　　　　　　• 맡아서 해야 할 임무나 의무 또는 결과에 대한 부담

협동 •　　　　　　　　　　• 서로 마음과 힘을 하나로 합함

수업에서 가장 기억에 남은 것을 기록해 봅시다.

❖ 평가

게임 후 셀프 체크리스트 (1:부족함, 2:보통, 3:잘함)

평가 내용	1	2	3
1. 게임을 만드는 과정에 성실히 참여했는가?			
2. 같은 모둠원과 협력이 잘 되었는가?			
3. 게임의 내용을 충분히 이해했는가?			
4. 게임의 룰을 잘 지켰는가? (게임의 방법적인 규칙)			
5. 예의를 갖추어 게임을 했는가? (대화, 게임 순서 지키기 등)			

게임 후 소감 (어려운 점, 즐거운 점, 깨달은 점)

루브릭 평가

평가 요소	세부 내용	1	2	3
지식 및 이해력	인성 8덕목에 대해 알게 되었다.			
심미적 감성 능력	인간에 대한 이해를 위해 인성 덕목이 필요함을 알게 되었다.			
자기관리 능력	인성 8덕목을 실천할 수 있다.			

오르고 내리고 고고싱

❖ 학습목표(초등 고학년 이상)
동화 속 사례, 뉴스 속 사례를 바탕으로 옳고 그름에 대해 알 수 있다.

- **창의적 사고 역량**
  다양한 지식을 바탕으로 경험을 융합적으로 사고할 수 있다.
- **의사소통 역량**
  다양한 상황에 대해 자기 생각과 감정을 효과적으로 표현할 수 있다.
- **공동체 역량**
  공동체 구성원에게 요구되는 가치와 태도를 발전시킬 수 있다.

❖ 준비물
활동자료, 신문 또는 동화, 주사위, 말

❖ 학습절차

도입	모둠 짓기 4명이 한 모둠이 되도록 구성한다.
진행1	옳고 그름에 관련된 수업을 진행한다. 모둠에 1인 1신문이 되도록 준비하여 나누어 준다. 각자 신문에서 인성과 관련이 있다고 생각되는 뉴스를 3개씩 찾아낸다. 뉴스를 읽고 간추린 내용을 기록지에 작성한다. 간추린 내용을 토대로 뉴스 속 상황이나 문제가 옳은지 아닌지를 확인하여 기록지에 자기 생각을 작성한다.

	기록이 끝나면 자기 생각을 바탕으로 뉴스에 게임을 위한 점수를 입력한다. 옳은 일이면 +, 그른 일이면 -를 써서 숫자로 입력한다. 점수의 범위는 -5~+5이다. 게임에서 +는 앞으로, -는 뒤로 가는 역할을 하게 된다.
진행2	모둠 안에서 발표한다. 자신이 선택한 뉴스의 '제목+간추린 내용+생각+점수'를 짧게 발표한다. 이때 뉴스 1개의 발표가 끝날 때마다 모둠원이 발표자의 생각에 동의하면 그대로 지나가고, 발표자의 생각과 다르면 토론을 통해 조정하도록 한다. 뱀사다리 인성 게임판을 나누어 준다. 발표가 끝나면 발표한 내용을 뱀주사위 게임판을 응용하여 만든 게임판에 기록한다. 기록을 마친 후 오르는 사다리와 내리는 뱀을 어디로 얼마만큼 보낼지를 토의한 후 게임판에 기록한다.
마무리	게임을 마친 후 모둠에서 한두 가지 사례를 발표한다. 모둠원의 발표가 끝나면 지도자는 마무리 발표를 하도록 한다.

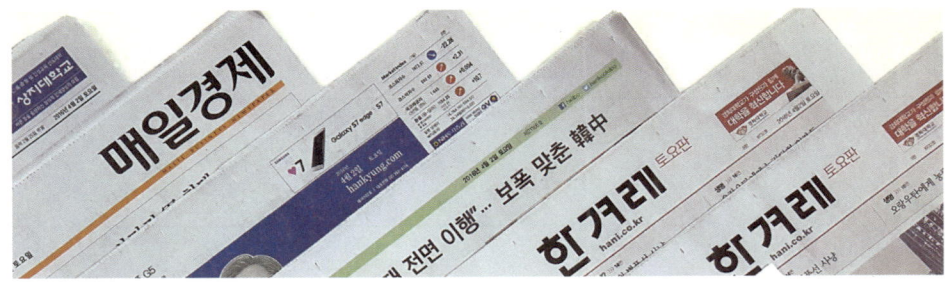

활동자료 ① 기록지: A4 크기로 1인 1장 출력

신나는 뉴스 리터러시

<활동 1> 스크랩한 뉴스를 정리해 봅시다.

뉴스 ❶	제목	
	요약	
뉴스 ❷	제목	
	요약	
뉴스 ❸	제목	
	요약	
뉴스 ❹	제목	
	요약	

뉴스에 대한 생각 퐁퐁

<활동 2> 뉴스 내용을 평가하고, 게임에 적용할 상벌을 토의해 봅시다.

뉴스 ❶	옳다? 그르다?		점수로 표기
	생각의 이유		
뉴스 ❷	옳다? 그르다?		점수로 표기
	생각의 이유		
뉴스 ❸	옳다? 그르다?		점수로 표기
	생각의 이유		
뉴스 ❹	옳다? 그르다?		점수로 표기
	생각의 이유		

활동자료 ② 게임판: A3 크기로 1모둠에 1장 출력

뱀사다리 인생 보드게임

신나는 뱀사다리 인생 보드게임

41	42	43	44	45	46	47	48	49	50
40	39	38	37	36	35	34	33	32	31
21	22	23	24	25	26	27	28	29	30
20	19	18	17	16	15	14	13	12	11
1	2	3	4	5	6	7	8	9	10

❖ 학습도움말

도덕적으로 옳고 그른 것을 구분하기란 쉽지 않다.

초등학교 3학년 학생이 거리에서 천 원을 주웠다. 아이는 학교에서 배운 대로 그 돈을 경찰서에 가져다주었다. 그런데 경찰의 반응은 뜻밖이었다. "그거 너 가지렴." 이제 아이는 고민한다. '앞으로 또 천 원을 줍게 된다면 경찰서에 가져다주는 것이 옳은 걸까, 내가 그냥 쓰는 것이 옳은 걸까?'

부모를 떠나 제각기 집을 짓고 살게 된 '아기 돼지 삼 형제' 이야기는 우리가 잘 아는 동화다. 이 이야기에 등장하는 늑대는 아기 돼지들을 잡아먹는 나쁜 동물이다. 그런데 동화작가 존 셰스카가 쓴 《늑대가 들려주는 아기 돼지 삼 형제 이야기》는 다르다. 원작 동화를 재미있게 각색한 이 책은 늑대의 입장에서 억울함을 풀어나간다. "살아 있는 돼지를 잡아먹은 게 아니라 사고로 무너진 집에 깔려 죽은 돼지를 먹었을 뿐이다. 먹이사슬 차원에서 보면 늑대가 돼지를 먹는 것은 당연한 것이 아닌가?"라는 게 늑대의 주장이다. 그러고 보면 우리는 늑대를 나쁜 동물이라 결론지어 놓고, 한쪽 편에서만 옳고 그름을 판단하고 있었던 것은 아닐까?

그래서 학습자들과 무엇이 옳은지 그른지, 그리고 그 옳고 그름은 무엇을 기준으로 어떻게 판단해야 하는지 등에 대해 생각해 보아야 할 듯싶다.

뱀사다리 게임 활용법은 다양하다.

1. 앞에서 제시한 바와 같이 뱀과 사다리가 그려진 보드를 활용하여 게임판을 만들 수 있다.

2. 빈칸만 그려진 보드를 활용하여 게임판을 만들 수도 있다. 이때 크기는 A3 이상

신나는 미디어 교육 보드게임 연구회

뱀사다리 인성 보드게임

이 적당하며, 가로나 세로를 자유롭게 할 수 있다. 빈칸의 수도 자유롭게 할 수 있다.

3. 게임판에 글을 작성하여 완성할 수도 있지만, 신문에서 오려낸 글과 그림을 붙여 게임판을 완성할 수도 있다.

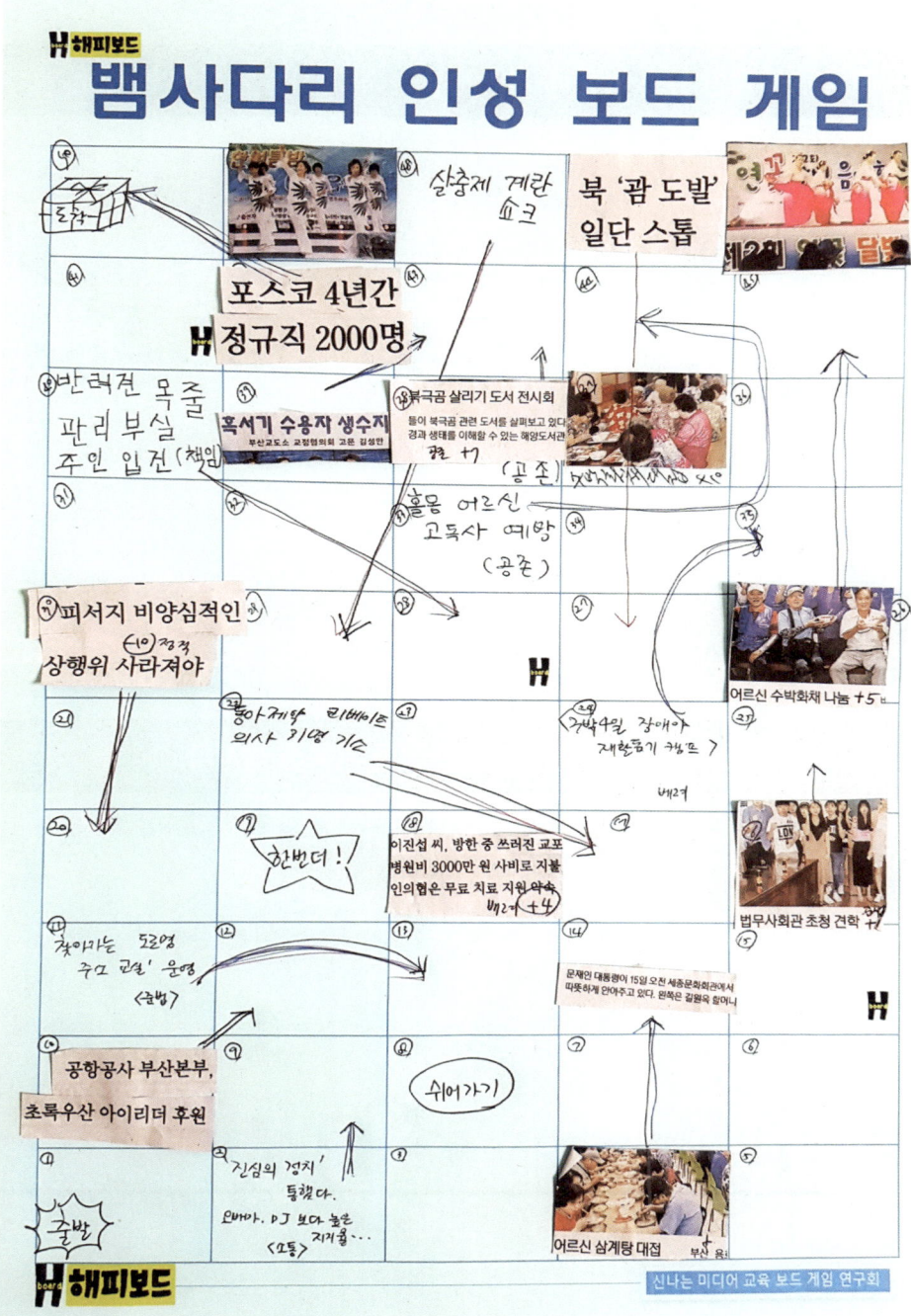

❖ 학습정리

오르고 내리고 고고싱

게임에 등장한 뉴스 가운데 기억에 남는 세 가지를 기록해 봅시다.

❶

❷

❸

수업에서 가장 기억에 남은 것을 기록해 봅시다.

❖ 평가

게임 후 셀프 체크리스트 (1:부족함, 2:보통, 3:잘함)

평가 내용	1	2	3
1. 게임을 만드는 과정에 성실히 참여했는가?			
2. 게임의 내용을 충분히 이해했는가?			
3. 같은 모둠원과 협력이 잘 되었는가?			
4. 게임의 룰을 잘 지켰는가? (게임의 방법적인 규칙)			
5. 예의를 갖추어 게임을 했는가? (대화, 게임 순서 지키기 등)			

게임 후 소감 (어려운 점, 즐거운 점, 깨달은 점)

루브릭 평가

평가 요소	세부 내용	1	2	3
창의적 사고력	융합적 사고를 하게 되었다.			
의사소통 능력	자신의 생각을 제대로 말하게 되었다.			
공동체 능력	공동체의 가치를 알게 되었다.			

02 동화

초등

책 속에 담긴 스토리를 게임으로 풀다

"엄마, 청와대가 어디야?"

세 살배기 여자아이가 신문을 읽고 나서 엄마에게 묻는 광고다. 이 광고 끝에는 '한글을 깨우치면 아이의 세상이 넓어집니다'라는 문구가 덧붙여졌다.

이러한 한글교육 시장의 발달로 조기교육 열풍이 불었다. 아이들은, 아니 유아들은 만 1세도 안 되어서 한글 공부를 시작하고, 만 4세가 되면 한글을 깨치고 스스로 읽어야 했다. 그래서 어린이집이나 유치원에서는 학부모 요청에 따라 맞춤법 공부를 하는 곳이 많아지기도 했다.

그렇다면 이 아이들은 자신이 읽는 것을 모두 이해하고 있을까? 필자의 생각은 그렇지 않다. 우선 위의 한글교육 광고를 생각해 보자. 아이들은 보통 모르는 단어를 물을 때에는 "뭐야?"라고 한다. 그런데 광고에서는 "어디야?"라고 묻는다. 이는 크게 두 가지 해석이 가능한데, 하나는 아이가 신문 내용을 모두 이해하고 청와대가 어떤 곳인지 궁금해한다는 것과 나머지 하나는 그저 어른이 써 준 대본을 잘 외웠다는 것이다. 여러분은 신문의 특성을 고려했을 때 전자와 후자 중 어떤 것에 더 무게를 두겠는가?

초등학교 1학년 과정이 문자 습득을 중심으로 하는 기초 과정으로 돌아갔다고 한다. 하지만 교과서에 문학이 바로 등장한다는 점에서 아이가 문자를 습득한 후 입학해야 안심이 되는 게 학부모의 마음이다. 그러니 한글교육을 일찍 시켜야 하긴 할 것이다.

이렇게 일찍부터 한글을 익히는 우리나라의 문맹률은 얼마나 될까? 문맹이란 '글을 배우지 못하여 읽거나 쓸 줄 모름. 또는 그런 사람'을 말한다. 통계에 따르면 한국은 이 문맹률이 한 자리 숫자로, 대부분의 사람이 읽고 쓸 줄 안다고 보면 된다. 그런데 아이러니하게도 문해력은 한때 OECD 국가 중 최하위를 차지하기도 했다. 문해력은 글을 읽기만 하면 되는 것이 아니라 읽고 이해하는 능력까지를 포함하는데, 글자 암기에만 초점을 맞춘 교육으로 인해 읽고도 이해를 하지 못하는 문제점이 생겼기 때문이다. 그래서 "우리 아이가 책은 좋아하는데, 읽은 걸 물어보면 내용을 얘기 못 해요" 하는 사례가 종종 발생한다.

그림책을 읽었다면 다양한 상상력을 펼칠 수 있어야 하고, 그것에 창의적인 생각을 덧붙여 조리 있게 말할 줄 알아야 한다. 그리고 자기 생각뿐 아니라 친구나 부모와 함께 생각 나누기를 통해 사고를 확장할 수 있어야 한다. 그런데 엄마들은 눈에 보이지 않는 효과에는 관심이 적다. 바로 눈앞에서 아이가 책을 술술 읽으면 그것으로 만족하고 자랑스러워한다. 그래서 문해력은 점점 낮아지는 게 현실이다.

최근 문학이 국어 교과서 안으로 깊숙이 들어오면서 이러한 양상은 더욱 크게 나타나고 있다. 책을 읽고 자신만의 생각을 가지기보다, 참고서가 정리해 놓은 내용을 바탕으로 획일화된 암기를 하고 있다. 가령《강아지똥》의 의미를 '세상에서 쓸모없는 것은 없다' 내지 '희생'으로 정형화시켜버리는 것과 같이 말이다. 더욱이 글의 양이 많은 고전문학은 아예 읽기 싫은 찬밥이 되고 있는 실정이다.

다행히도 최근 독서퀴즈, 독서일기, 책갈피 만들기, 책 제목 사행시, 북아트 등 다양한 독서 활동이 전개되고 있다. 하지만 이 역시 책을 읽은 아이들의 상상력과 조리 있게 말하기에 큰 도움이 되지 못한다는 점에서, 좀 더 쉽고 재미있는 독서 활동이 필요해 보인다.

북 보드게임은 리터러시 보드게임 가운데, 어린이가 스스로 만들어 즐길 수 있는 가장 재미있는 재료이다. 그러므로 처음 보드게임을 만들기 시작한 아이라면 북 보드게임부터 시작하기를 권한다.

감성 책놀이

❖ 학습목표

감성으로 즐기는 책놀이를 통해 책 속에 담긴 감성을 이해하고, 그것을 토대로 스스로 보드게임을 제작하고 즐길 수 있다.

- **지식정보처리 역량**

    책 속 단어의 뜻을 알고, 그것을 토대로 작가가 이야기하고자 하는 내용을 파악할 수 있다.

- **심미적 감성 역량**

    책 속의 문장에 담긴 감성을 이해하고, 그것이 어떤 마음인지 파악할 수 있다.

- **의사소통 역량**

    특정 집단에 가져올 영향에 대해, 개인의 입장보다 공동체의 입장에서 사고하고 결론지을 수 있다.

❖ 준비물

동화《그 나무가 웃는다》, 활동자료, 주사위, 말

❖ 학습절차

도입	**모둠 짓기** 4~6명이 한 모둠이 되게 구성한다.
진행1	동화《그 나무가 웃는다》를 읽는다. 이때 책의 내용을 제대로 이해할 수 있도록 이야기를 나누며 읽는다.

	동화 읽기가 끝나면 책 내용과 게임판의 그림을 참고하여 감성 체크리스트를 만든다. 감성 체크리스트는 한 반 또는 모둠이 동일하게 만든다. 예를 들어 '01. 눈앞에 마을이 그림같이 펼쳐져 있었습니다.'와 같이 문장 속에 감정이 들어 있는 부분을 한 칸에 1개씩 작성한다. (저작권 문제로 문장 예시는 다르게 작성하였다. 또한 01번 외 나머지 칸은 저작권 문제로 글이 없지만, 수업 시간에는 책 속 문장을 그대로 작성하여 나누어 주면 된다. 고학년의 경우 학습자가 기록해도 좋다.) 그리고 문장을 읽으며 자신의 감정은 어떠했는지 돌아본 후, 기분을 -3부터 +3까지의 점수로 표기한다.
진행2	감성 체크리스트 1번부터 20번까지 모둠원이 서로 어떻게 표기했는지 돌아가면서 발표한다. 순서는 다음과 같다. 발표자 1 - 1번 문항을 읽고, 그렇게 생각한 이유와 함께 점수를 말한다. 모둠과 토의·토론 후 동일한 점수로 합의한다. 발표자 2 - 2번 문항… 이하 동일 발표자 3 - 3번 문항… 이하 동일 발표자 4 - 4번 문항… 이하 동일 발표자 1 - 5번 문항… 이하 동일 점수 부여가 끝나면 게임판에 내용을 기록한다. 기록이 끝나면 보드게임을 즐긴다.
마무리	게임의 승패는 가리지 않는다. 보드게임이 끝나면 모둠원들이 돌아가며 게임 후 느낌을 이야기한다. 모둠의 발표가 끝나면 모둠원 가운데 1명이 '내용+점수+이유'와 게임 후 느낌을 발표하면 된다. 지도자는 감성을 공유하는 것이 얼마나 중요한지에 대해 마무리 말을 한다.

활동자료 ① 게임 규칙: A4 크기로 1모둠에 1장 출력

그 나무가 웃는다 게임 규칙

❖ 게임 준비

1. 세팅 모둠에 기록지(인원수대로), 게임판(1장), 주사위(1개), 말(인원수대로)을 준비한다.

2. 시작
- 플레이어는 4명이 한 모둠이 되도록 한다.
- 선생님과 함께 주어진 동화를 읽으며, 중요한 내용이나 좋았던 부분을 기록지 한 줄에 한 가지씩 작성한다.
- 동화가 끝나면 기록지 오른쪽에 내용을 토대로 점수를 기록한다(가장 좋지 않은 것은 -5, 가장 좋은 것은 +5).

❖ 게임 진행

3. 토론 기록지 내용을 한 사람이 1개씩 읽고, 점수와 이유를 설명한다. 모둠원은 내용에 동의하거나, 그렇지 않은 경우 토론으로 점수를 변경한다.

4. 게임 게임의 규칙은 학습자 스스로 정한다.
단 두 가지 규칙은 정해진 대로 따른다.
1. 주사위는 굴려 나온 숫자만큼 앞으로 간다.
2. 이동은 주사위 숫자 + 해당 칸의 명령 1회로 제한한다.

❖ 게임 승리

5. 결과 게임의 승자는 처음 규칙에 따른다.

학생 배부용 게임 규칙

활동자료 ② 감성 체크리스트: A4 크기로 1인 1장 출력

▼ 《그 나무가 웃는다》 (손연자 글 | 윤미숙 그림, 시공주니어)

번호	책 속에서	기분을 점수로
01	눈앞에 마을이 그림같이 펼쳐져 있었습니다.	−3 −2 −1 0 1 2 3
02		
03		
04		
05		
06		
07		
08		
09		
10		
11		
12		
13		
14		
15		
16		
17		
18		
19		
20		

활동자료 ③ 게임판: A3 크기로 1모둠에 1장 출력

그 나무가 웃는다

❊ 게임 규칙

1. 주사위 숫자만큼 이동한다.
2. '앞으로', '뒤로' 등의 미션은 한 번만 더 이동한다.
3. 중간 미션은 반드시 실시한다.
4.

신나는 미디어 교육 보드게임 연구회

눈앞에 마을이 그림같이 펼쳐져 있었습니다.

❖ 학습도움말

　책을 읽는 것은 단순히 글자를 읽는 것이 아니다. 작가가 글을 통해 이야기하고 싶은 것이 무엇인지를 이해하고, 그것에 대해 어떤 생각을 하고 마음에 담았는지가 중요하다.

　《그 나무가 웃는다》(시공주니어)는 '한 도서관 한 책 읽기 사업'의 일환으로 관악구 도서관이 선정한 2017년 어린이도서다. 문장이 엄격하고 아름답기로 정평이 나 있는 손연자 작가의 글 위에, 윤미숙 작가가 한 땀 한 땀 스티치로 예쁜 그림을 수놓은 그림동화다. 이 책은 자신을 비관하며 살던 한 나무가 한 소년과 아빠의 관심과 사랑 덕분에 생명을 회복하고 새로운 열매를 맺는 이야기를 통해, 어려운 환경일지라도 주눅 들지 말고 당당하게 어깨를 펴고 살아가라는 메시지를 우리에게 던진다.

　이렇게 지정된 책으로 수업하게 되는 경우에는 더 많은 고민을 한다.

　첫 번째 이유는 네이버 지식인 사이트에서조차 독후활동에 대해 공유된 정보가 많지 않기 때문이다. 어떤 대상과 함께 했는지, 주제는 무엇으로 정했는지, 나눔은 어떻게 했는지, 그래서 결과물은 어떠했는지에 대해 정리된 것이 거의 없는 형편이다. 설령 있다 하더라도, 리터러시를 전문으로 하는 나에게는 마음에 들지 않는, 보여주기식의 교육 사례들이 많았다. 2016년에 만났던 《돌 씹어먹는 아이》가 그랬다. 당시 인터넷에는 "재미있다"는 후기를 빼면 관련 사례가 거의 없었다. 그래서 이 책으로 아이들과 어떻게 만나야 할까를 한 달 동안 고민했던 기억이 있다.

　두 번째 이유는 아이들이 책의 내용을 어려워한다는 것이다. 이 책은 나무와 작은 집이 등장하는, 도시의 아파트가 아니라 시골의 작은 마을을 연상시키는 동화다. 그래서인지 도시에 사는 아이들은 '마을이 옹기종기 모여 있는' 모습이 왜 그림 같은지 제대로 공감하지 못하는 경우가 있다. 그리고 '곁가지는 곁가지대로 가랑가랑하다'는 말이 어떤 뜻인지 이해되지 않아서 어려워하기도 한다. 그러다 보니 수업을 준비하는 입장에서는 어떻게 해야 아이들을 쉽게, 제대로 이해시킬 수 있을지를 더 많이 고민할 수밖에 없다.

선생님들은 이러한 문제를 어떻게 해결하고 있을까? 대부분 아이들이 책을 쉽게 제대로 이해할 수 있도록 목소리로, 풀어 읽기로, 덧붙이기로 애를 쓰며 전달한다. 아이들도 귀를 쫑긋 세우고 듣기에 여념이 없다. 이렇게 진행된 수업에서 결과물까지 다시 듣고 풀어야 하는 식이라면 아이들이 너무 지루하지 않을까.

요즘은 학습자 중심, 학습자 참여 수업을 하자는 교육법이 대세다. 나 역시 학습자 스스로 움직이지 않으면 얻는 것이 없다는 것에 전적으로 동의한다. 그래서 가능하면 학습자 스스로가 생각하고 결론짓고 결과물로 발표하는 수업을 지향한다. 그것이 북 보드게임이다.

필자는 대부분의 북 보드게임 수업에서, 뒤에서 소개할 두 번째 보드게임 '같은 주제, 다른 이야기'에서처럼 빈칸만 제공하는 수업을 진행한다. 텍스트나 이미지는 학습자 스스로 채워 넣도록 하고 있다. 하지만 《그 나무가 웃는다》를 수업할 대상은 초등 1~2학년이었다. 그러다 보니 단순하면서도 쉽고, 즐거우면서도 학습적 의미를 부여할 수 있는 활동이 필요했다. 그 결과 스스로 만들기보다는 보드게임에 다른 장치를 덧붙이기로 했다. 그것이 바로 게임판에 점수만 빼고 모두 제공하는 게임이다. 점수를 부여하는 활동만 학습자 스스로 하도록 하였는데, 이를 위해서는 상황을 점수로 부여하는 감성 기록지가 필요했다. 주어진 문장을 읽고 스스로 고민해 보는 시간을 가질 수 있도록 구성했다. 문장이 공감되지 않아 어려운 친구들은 친구와 소통하기도 하고, 지도자와 소통하기도 했다. 성과는 만족스러웠다.

일단 이 책 속에 제공된 북 보드게임 두 가지를 규칙에 따라 해 보자. 그러면 두 게임이 비교되면서 쉽게 이해될 것이다.

❖ **학습정리**

감성 책놀이

게임에 등장한 뉴스 가운데 기억에 남는 세 가지를 기록해 봅시다.	
1. 모둠원들과 감성이 통했을 때의 기분은 어떠했나요?	
2. 모둠원들과 감성이 달랐을 때의 이유는 무엇이었나요?	
3. 사람마다 감성이 조금씩 다른 이유는 무엇 때문이라고 생각하나요?	

수업에서 가장 기억에 남은 것을 기록해 봅시다.

❖ 평가

게임 후 셀프 체크리스트 (1:부족함, 2:보통, 3:잘함)

평가 내용	1	2	3
1. 주제에 대해 충분히 이해했는가?			
2. 기록지는 모두 채웠는가?			
3. 기록지를 토대로 발표하는 과정에 적극적으로 참여했는가?			
4. 게임의 룰을 잘 지켰는가? (게임의 방법적인 규칙)			
5. 예의를 갖추어 게임을 했는가? (대화, 게임 순서 지키기 등)			

게임 후 소감 (어려운 점, 즐거운 점, 깨달은 점)

루브릭 평가

평가 요소	세부 내용	1	2	3
지식 및 이해력	주어진 주제에 대해 알게 되었다.			
협업 능력	다른 모둠원들과 의사소통하며 모둠별 활동에 적극적으로 참여했다.			
의사소통 능력	자신의 생각을 모둠원에게 제대로 전달했다.			

같은 주제, 다른 책 이야기

❖ 학습목표
한 가지 주제로 펼쳐지는 다양한 이야기를 통해 주제에 대한 정보를 수집하고, 그것을 토대로 스스로 보드게임을 제작할 수 있다.

- **지식정보처리 역량**
  각각의 책이 나타내고 있는 중요한 내용을 정리하고, 그것이 특정 집단에 가져올 영향을 파악할 수 있다.
- **의사소통 역량**
  책 속 이야기가 특정 집단에 가져올 영향에 대해, 모둠원들에게 합리적으로 설명하고 설득할 수 있다.
- **공동체 역량**
  특정 집단에 가져올 영향에 대해, 개인의 입장보다 공동체의 입장에서 사고하고 결론지을 수 있다.

❖ 준비물
주제가 같은 책 여러 권, 활동자료, 주사위, 말

❖ 학습절차

도입	모둠 짓기 4명이 한 모둠이 되게 구성한다.
진행1	사전활동으로 같은 주제에 대한 책 읽기를 진행하거나, 당일에 여러 권의 책을 한 번에 훑어보아도 좋다. 예를 들어 공정무역을 주제로 잡았다면 학년과 학습자의 독서 수준을 고

	려하여 다수의 책을 선정하여 함께 읽는다. 《공정무역, 행복한 카카오 농장 이야기》《둥글둥글 지구촌 국제구호 이야기》《미래를 살리는 착한 소비 이야기》 등. 다 함께 책을 읽으며 공정무역과 관련하여 다양한 이야기를 기록지에 작성한다.
진행2	기록지에 작성한 내용에 대해 자기 생각을 점수로 평가한다. (가장 좋지 않은 이야기는 -5, 가장 좋은 이야기는 +5) 개인 활동이 끝나면 모둠 안에서 한 번씩 돌아가며 발표한다. 순서는 다음과 같다. 발표자 1 - 기록한 항목 중 한 가지+점수+이유 발표자 2 - 위와 동일 발표자 3 - 위와 동일 발표자 4 - 위와 동일 발표자 1 - 기록한 항목 중 다른 발표자와 중복되지 않은 한 가지+점수+이유 이때 발표자의 내용을 듣고 점수에 동의하면 다음 발표자로 넘어가고, 동의하지 않으면 토론을 거쳐 점수를 합의한다. 점수 부여가 끝나면 게임판에 내용을 기록한다. 기록이 끝나면 보드게임을 즐긴다.
마무리	게임의 승패는 가리지 않는다. 보드게임이 끝나면 모둠은 '친구들과 공유하고 싶은 이야기'를 정한다. 모둠별 발표자 1명이 내용 한 가지를 발표한다. 앞에서와 같이 모둠이 선택한 내용+점수+이유를 이야기한다. 지도자는 주제와 학습목표가 잘 정리될 수 있도록 마무리 말을 한다.

활동자료 ① 게임규칙: A4 크기로 1모둠에 1장 출력

같은 주제, 다른 책 이야기 게임 규칙

❖ 게임 준비

1. 세팅   모둠에 기록지(인원수대로), 게임판(1장), 주사위(1개), 말(인원수대로)을 준비한다.

2. 시작
- 플레이어는 4명이 한 모둠이 되도록 한다.
- 선생님과 함께 주어진 동화를 읽으며, 중요한 내용이나 좋았던 부분을 기록지 한 줄에 한 가지씩 작성한다.
- 동화가 끝나면 기록지 오른쪽에 내용을 토대로 점수를 기록한다(가장 좋지 않은 것은 −5, 가장 좋은 것은 +5).

❖ 게임 진행

3. 토론   기록지 내용을 한 사람이 1개씩 읽고, 점수와 이유를 설명한다. 모둠원은 내용에 동의하거나 토론을 통해 점수를 변경한다.

4. 게임   게임의 규칙은 학습자 스스로 정한다.
단 두 가지 규칙은 정해진 대로 따른다.
1. 주사위는 굴려서 나온 숫자만큼 앞으로 간다.
2. 이동은 주사위 숫자 + 해당 칸의 명령 1회로 제한한다.

❖ 게임 승리

5. 결과   게임의 승자는 처음 규칙에 따른다.

학생 배부용 게임 규칙

활동자료 ② 기록지: A4 크기로 1인 1장 출력

순번	[같은 주제, 다른 책 이야기] 내용 기록	점수
1		−5부터 +5까지
2		
3		
4		
5		
6		
7		
8		
9		
10		
11		
12		
13		
14		
15		
16		
17		
18		
19		
20		

신나는 미디어 교육 보드게임 연구회

활동자료 ③ 게임판: A3 크기로 1모둠에 1장 출력

같은 주제, 다른 책 이야기

❖ 게임 규칙

1. 주사위 숫자만큼 이동한다.
2. '앞으로', '뒤로' 등의 미션은 한 번만 더 이동한다.
3. 중간 미션은 반드시 실시한다.
4.

❖ 학습도움말

학습에 보드게임을 접목할 때는 게임을 하는 목적이 확실해야 한다. 게임을 통해 학습적인 내용을 전달하고자 하는 것인지, 아니면 게임을 학습의 도구로 쓰자는 것인지가 명확해야 한다. '같은 주제, 다른 이야기' 보드게임은 학습의 도구다. 그러므로 도구를 어떻게 잘 활용할 것인가를 고민해야 한다.

'같은 주제 다른 이야기'의 게임판은 다음 두 가지의 활용도를 가진다. 첫 번째는 다양한 이야기 속에서 한 가지 주제를 찾고, 그것에 대한 정보를 한 곳에 수집하는 것이다. 두 번째는 취득한 정보를 토대로 게임을 스스로 제작해 보는 데 있다. 앞서 이론편에서도 이야기했지만, 보드게임은 아이들의 수업을 흥미롭게 만드는 미끼에 지나지 않는다. 수업의 도구는 보드게임이지만, 그 보드게임은 리터러시를 위한 유인책인 것이다. 이 보드게임을 하기 위한 중간 과정으로, 리터러시를 충실히 이행한 아이들의 반응 중에 가장 기억에 남았던 것은 '사기 같다'는 평가였다. 그러나 아이들은 '그러한 사기를 자주 당하고 싶다'고 덧붙였다.

한 도서관에서 5일간 진행하는 여름 독서교실에 초등학생 60명이 모였다. 독서교실의 주제는 '공정무역과 공정여행'이었고, 3일간은 공정무역을 이해하는 시간으로 진행되었다. 그리고 4일 차에는 재미와 흥미를 유발할 프로그램으로 보드게임을 함께 했다.

우선 공정무역과 공정여행에 관한 책 몇 권을 보여주면서 기록지에 중요한 내용은 간단히 정리하게 했다. 그리고 학생들끼리 토론하면서 내용을 점수로 매기도록 했다. 한 학생이 기록지에 '공정여행은 지역 주민들의 삶의 터전을 구경하며 휴식을 얻는 거예요. 방학 때 동남아시아에 있는 휴양지의 호텔로 놀러 가서 물건들도 잔뜩 사 왔어요'라고 썼다. 그리고 +3을 부여하면서, 그 이유로 공정여행은 지역 주민에게 좋은 여행이기 때문이라고 발표했다. 그러자 옆의 친구가 "공정여행이 되려면 지역 주민에게 이익이 돌아가야 하는데, 호텔에서 먹고 자면 지역 주민에게 이익이 돌아가지 않잖아. 그러니까 +3이 아니라 −3을 줘야 해"라고 반박했다. 토론이라고 이름 붙이지 않았지만 자연스럽게 토론의 과정을 거치면서, 소통하는 법과 합리적인 사고를 배우게 된 것이다.

교사연수에서 이러한 게이미피케이션을 소개했을 때 질문이 들어왔다.

"승패는 어떻게 가려요? 이기면 뭐가 있죠?"
"출발과 도착이 있는 게임이니 승패는 가려야겠죠. 하지만 저희는 교육이 목적이잖아요. 그러므로 '수고했어'라는 한마디면 될 것 같아요."

물론 이것도 게임이니 승패를 가려야 한다. 하지만 우리는 교육을 목적으로, 교실이라는 공간 안으로 게임의 방식을 빌려온 것뿐이다. 주사위를 굴려서 진행되는 보드게임은 대부분 실력이 아니라 운에 의해서 승패가 결정된다. 물론 운도 실력이라는 말이 있기는 하지만, 교육에서 운에 의한 우승을 보상하는 것은 교육의 목적을 흐리고 승패만 기억에 남게 할 우려가 있다. 그러므로 보상은 칭찬이면 족할 것이다. 간혹 승패에 집착하는 아이들도 있다. 이럴 때는 아이에게 어떻게 우승할 수 있었는지 방법을 물어보자. 대부분 주사위가 잘 나왔거나, 전략을 잘 세웠다고 말할 것이다. 특별한 전략이 있다면 소개해 보라고 해도 좋다. 그렇다고 우승자를 몰아가서는 곤란하다. 만약 우승자가 특별한 전략을 제대로 말하지 못한다면, 그 모둠이 만든 게임판의 특징이나 재미있는 요소를 소개하도록 유도하자. 그러면 아이들의 반응은 자연스럽게 자신들이 만든 게임판으로 집중되기 마련이다. 자신들이 직접 만든 것이기에 더욱 자랑스럽게 발표한다.

❖ 학습정리

같은 주제, 다른 책 이야기

게임에 등장한 내용 가운데 기억에 남는 세 가지를 기록해 봅시다.

❶

❷

❸

수업에서 가장 기억에 남은 것을 기록해 봅시다.

❖ 평가

게임 후 셀프 체크리스트 (1:부족함, 2:보통, 3:잘함)

평가 내용	1	2	3
1. 주제에 대해 충분히 이해했는가?			
2. 기록지는 모두 채웠는가?			
3. 기록지를 토대로 발표하는 과정에 적극적으로 참여했는가?			
4. 게임의 룰을 잘 지켰는가? (게임의 방법적인 규칙)			
5. 예의를 갖추어 게임을 했는가? (대화, 게임 순서 지키기 등)			
게임 후 소감 (어려운 점, 즐거운 점, 깨달은 점)			

루브릭 평가

평가 요소	세부 내용	1	2	3
지식 및 이해력	주어진 주제에 대해 알게 되었다.			
협업 능력	다른 모둠원들과 의사소통하며 모둠별 활동에 적극적으로 참여했다.			
의사소통 능력	자신의 생각을 모둠원에게 제대로 전달했다.			

역사 마니아 vs 지긋지긋한 역사

역사, 특히 한국사는 호불호가 강한 분야다. 역사가 정말 재미있다고 말하는 마니아층이 있는가 하면, 역사 드라마만 나와도 TV채널을 돌리는 사람들도 있다. 어른들만의 이야기가 아니다. 시험을 보게 되면, 한국사는 재미를 붙이기보다는 점수를 내야 하는 과목으로 자리 잡아버리기 일쑤다. 시험 점수라도 안 좋게 나오면 역사는 지긋지긋한 것이 되어 아이들은 '역사의 역'만 나와도 외면해버린다.

역사를 잊은 민족에게 미래는 없다고 했다. 예전에 중학생들을 대상으로 '야스쿠니 신사'의 '신사'에 대해 물으니, 가수 싸이의 '젠틀맨'이냐고 반문했다는 기사를 보며, 다수의 청소년에게 역사가 지나간 퇴물 정도로 여겨지는 것 같아 걱정이 앞섰다. 역사를 모른다고, 관심이 없다고, 청소년들을 타박만 할 게 아니라 우리 교육의 방법을 달리해야 하는 것은 아닌가 하는 고민을 참 많이 했다.

그래서 역사에 좀 더 재미있게 접근하기 위한 다양한 방법을 시도했다. 10년 동안 역사를 가지고 안 해본 수업 방법이 없을 것이다. 손가락 인형을 만들어 인형극도 해 보고, 직접 몸으로 움직이는 역할극도 해 보았다. 역사 사전을 비롯한 다양한 책 만들기, 역사 골든벨, 역사 인물 비교, 탐구 발표, 역사 토론 등 그 밖에도 다양하다.

그중에는 효과를 본 수업 방법도 있었고, 그 수업을 계기로 마니아까지는 아니어도 역사를 좋아하게 만든 경우도 있었다. 하지만 일반적으로 다수의 사람이 즐길 수 있는 방법은 단연 게임이었다. 보드게임을 비롯한 다양한 게임의 방법을 연령별로 다르게 적용하여 진행했고, 몇 년간 지속하여 수업한 후 교육 참여자들의 피드백을 받았다. 가장 즐거운 수업, 몇 년이 지난 현재에도 기억에 남아 있는 수업, 역사에 관심을 두고 즐길 수 있는 수업이라는 평가를 받았다. 여기에 자신감을 얻어 더 다양한 역사 게임을 개발했고, 그중 몇 가지를 여기에서 소개하려고 한다. 여러분은 역사의 마니아인가? 아니면 역사가 지긋지긋한가?

보드게임으로 즐기는 말랑말랑 한국사

❖ 학습목표

역사책을 읽고, 그 내용을 바탕으로 단계별 게임을 통해 역사와 관련된 다양한 내용을 알고, 현재의 시각으로 과거를 생각해 본다. 과거의 사건이나 행사 등을 현재의 내 삶과 연결해 이야기한다.

- **지식정보처리 역량**

    게임을 통해 사실적인 한국사에 대한 이해를 바탕으로 역사의 흐름을 이야기할 수 있도록 한다.

- **의사소통 역량**

    말랑말랑 한국사 게임을 통해 경쟁 속에서도 존중하고 배려해야 함을 알고 실천할 수 있다.

- **창의적 사고 역량**

    우리의 역사에 대한 관심을 높이고 더 알아보고 싶은 주제를 정하여 모둠별 탐구를 통해 우리가 나아갈 바를 이야기 나눌 수 있다.

❖ 준비물

활동자료, 주사위, 말

❖ 학습절차

도입	모둠 짓기 2인 1팀이 되어 3팀(6인)이 한 모둠이 되게 구성한다.
진행1	역사책 《한국사 편지》를 충분히 읽고 오도록 한다. 《한국사 편지》 1~5권은 우리나라 역사 전체를 다루고 있다.

	한 모둠에 한국사카드 한 세트를 배부한다(미리 잘라서 만들어 놓은 세트를 배부해도 좋고, 학습자가 자르고 붙여서 카드를 만들어도 좋다). 3팀이 같은 양으로 나눠 갖는다. 한국사카드에는 책 내용을 바탕으로 앞에는 문제, 뒤에는 답이 있다. 1) 같은 팀인 2인이 서로 질문하고 답하는 게임을 즐긴다. 이때 답을 맞히면 카드를 준다. 2) 모둠 안에서 1번 팀이 문제 내고 2번·3번 팀이 맞히기, 2번 팀이 문제 내고 3번·1번 팀이 맞히기 방식으로 게임을 한다.
진행2	말랑말랑 한국사 게임판을 1장씩 나눠 준다. 앞에서 사용한 다섯 가지 색깔의 한국사카드는 질문이 위로 오도록 색깔별로 쌓아 놓는다. 주사위를 굴려서 나온 숫자의 칸 색깔에 해당하는 카드의 문제를 맞히면 해당 카드를 받는다. 받은 카드는 플레이어 앞에 모아 놓는다. 같은 색 카드가 5장이 모이면 점수에 ×2를 한다. 정해진 시간 종료 후, 카드를 점수로 계산한다.
마무리	역사와 관련된 뉴스를 연결하여, 역사가 과거만이 아닌 현재에도 진행되는 일임을 알게 한다. 학교 한국사 시간에 〈진행 1〉을 반복하여 진행하면 효과적이다.

활동자료 ① 게임규칙: A4 크기로 1모둠에 1장 출력

말랑말랑 한국사 게임 규칙

❖ **게임 준비**

1. 세팅 모둠에 게임판(1장)과 한국사카드, 주사위(1개), 말(4개)을 준비한다.

2. 시작 플레이어는 4명이 한 모둠이 되도록 한다. 각 플레이어는 게임판의 네 꼭짓점의 위치에 말을 놓는다.

❖ **게임 진행**

3. 토론
- 순서를 정하고 주사위를 굴려 원하는 방향으로 진행한다.
- 정해진 칸에 말을 놓고, 칸과 같은 색깔의 카드를 뽑아 읽고 정답을 맞히면 카드를 갖는다. 틀린 경우 다음 플레이어에게 맞힐 기회가 돌아간다.
- 녹봉이라고 쓰여 있는 칸에 주사위가 위치하면 팀원들에게 카드를 1장씩 받는다.
- 귀양이라고 쓰여 있는 칸에 주사위가 위치하면 팀원들에게 카드를 1장씩 나눠 준다.

❖ **게임 승리**

4. 결과 시간을 정해 놓고 진행하며, 게임 시간이 끝난 후 카드를 가장 많이 가진 사람이 승리한다.

학생 배부용 게임 규칙

신나는 미디어 교육 보드게임 연구회

#	칸
1	태조
2	정종
3	태종
4	세종 녹봉
5	문종
6	단종
7	세조
8	예종
9	성종
10	연산군 귀양
11	중종
12	인종
13	명종
14	선조
15	광해군 귀양
16	인조 귀양
17	효종
18	현종
19	숙종
20	경종
21	영조
22	정조 녹봉
23	순조
24	헌종
25	철종
26	고종

가운데 카드: 말랑말랑 한국사 (6장)

활동자료 ② 게임판 : A3 크기로 1모둠에 1장 출력

활동자료 ③ 한국사카드 : A4 크기로 1모둠에 1장 출력

신석기 시대의 대표적인 토기.	원시인들이 그려 놓은 그림으로 거북, 개, 사슴, 멧돼지, 그물이나 울타리에 갇혀 있는 짐승, 사람 얼굴 등이 그려진 바위 그림(국보 285호).
가운데의 둥근 구멍에 막대를 끼우고 실을 감아 회전시키면 실이 늘어지면서 꼬이는 도구.	땅을 파고 단단한 나무로 기둥과 서까래를 세운 다음 짚이나 풀을 얹어 지붕을 만든 집.
신석기 시대에 땅을 파는 데 쓰는 도구로, 돌로 되어 있다.	석기 시대 사람들이 처음에 사용한 석기. 돌감을 내리쳐서 돌조각을 그대로 사용하거나 망치 돌로 돌감을 직접 때려서 만든다.
거칠고 투박한 뗀석기를 사용하다가 불편을 느끼자 사람들이 부드럽고 매끈한 다른 돌에 뗀석기를 갈기 시작하여 만든 도구.	산에서 캔 구리와 주석을 센 불로 녹여 펄펄 끓는 쇳물을 만든 다음, 거푸집에 부어 도구를 만들었던 시대.
쇳물을 부어 원하는 물건을 만들어내는 틀.	고려 시대에 일연 스님이 쓴 역사책으로, 오늘날 남아 있는 역사책 중에서 단군왕검 이야기가 실려 있는 가장 오래된 책.

이 사건은 고려에 대한 반역이자 이후 새 나라 건설을 위한 첫걸음이 되었다. 이성계는 이 작은 섬에서 군사를 돌려 철수하였다.	조선 시대 새로운 토지 제도. 경기도 이외의 토지는 전부 나라에서 직접 세금을 거두어 나라의 살림살이가 넉넉해졌다.
태조 이성계는 개경을 떠나 한양에 새 수도를 건설하고 궁궐을 짓기 시작했다. '빛나는 복을 빈다'는 뜻의 이 궁궐은?	궁궐의 중심으로, 부지런히 정사를 돌보라는 뜻의 이 건물은?
왕이 정사를 보는 곳으로, 올바른 정치를 생각한다는 뜻의 이 건물은?	왕이 잠을 자는 침전으로, 늘 편안하라는 뜻의 이 건물은?
조선의 수도인 이곳은 철저한 계획에 따라 건설된 도시다. 자연 지형을 따라 그대로 건설하여 네모반듯한 모양이 아니라 구불구불하면서도 둥그스름한 모양이다.	이것은 청계천에 물이 얼마나 차올랐는지 재는 기구이다. 돌기둥에는 눈금이 새겨져 있다.
백성들의 편리를 위해 만든 글자인 동시에 유교의 가르침을 배우기 위해 만든 글자로, 백성을 가르치는 바른 소리라는 의미의 이것은?	태조 이성계의 대 조상부터 태종까지의 업적을 찬양하고 조선의 위엄을 칭송한 노래로, 한글로 써서 만든 최초의 책은?

한 지방을 실제로 다스릴 만큼 세력이 커진 사람들.	미래의 부처. 석가모니가 현재의 세상을 구제해 주는 부처라면, 이것은 석가모니 다음에 나타나 석가모니가 구제하지 못한 사람들까지 남김없이 구제해 주는 부처.
이 사람은 신라의 지배층 사이에 벌어진 권력 다툼에서 밀려난 인물로 생각된다. 스님이 되어 선종이란 이름으로 불렸다. 미륵 신앙에 관심이 많았던 이 사람은?	궁예의 신임을 받던 청년 장군이었다가 나중에 고려를 건국한 사람은?
청해진을 기지로 삼아 해상권을 손에 넣고 당, 일본, 신라를 잇는 중계 무역을 이끌었던 사람은?	후삼국을 통일한 고려는 신라를 어떻게 흡수했을까?
왕건이 막강한 호족을 다스리기 위해 왕의 권력을 강화하는 목적으로 썼던 방법은?	산천의 형세를 살펴서 인간 생활에 이용하는 학설은?
대대로 내려오는 그 집안의 사회적 신분이나 지위. 고려는 'OO 귀족의 나라'	호족들이 불법으로 소유했던 노비들을 양인의 신분으로 되돌려 주는 법은?

지난해에 거둔 곡식은 다 떨어지고, 보리는 아직 익지 않은 봄철의 배고픈 시기를 무엇이라고 하는가?	"수령이 백성을 위해 있는 것이지, 백성이 수령을 위해 있는 것은 아니다"라고 말했던 정약용이 쓴 책은 무엇인가?
모내기로 여유가 생긴 농민들은 면화나 담배, 채소를 길러서 시장에 내다 팔아 돈을 벌었다. 이렇게 시장에 팔기 위해 농사짓는 작물을 무엇이라고 하는가?	한양에서 물건을 팔고 싶은 사람은 직접 손님에게 물건을 파는 것이 아니라 시전에 넘겨야 했다. 이를 어기면 물건을 빼앗기고 벌을 받거나 벌금을 물었다. 시전이 가진 이런 특별한 권리를 무엇이라고 하는가?
옷감, 어물, 소금, 대나무 바구니 등의 생활필수품과 다양한 물건을 팔았던 사람들을 장돌뱅이 또는 보부상이라고 불렀다. 보상과 부상은 어떻게 다른가?	조선 시대에 책을 읽어 주는 사람으로, 《심청전》과 같은 소설을 읽어 주면 모여든 구경꾼들이 진지하게 들었다. 이렇게 소설을 읽어 주는 사람을 무엇이라고 하는가?
전라도 지방에서 유행하던 '무가'에서 시작된 것으로, 천민들로부터 시작되었지만 시간이 갈수록 양반들에게 인기를 끌었던 노래는 무엇인가?	판소리 여섯 마당 〈심청가〉, 〈흥부가〉, 〈춘향가〉, 〈수궁가〉, 〈적벽가〉, 〈변강쇠타령〉을 정리하여 양반의 입맛에 맞도록 다듬은 사람은 누구인가?
'도화서'라는 관청에 속해 있으면서 나라에서 필요한 그림을 그렸던 사람. 왕의 초상화나 각종 행사의식과 행사의 주요 장면을 그림으로 그렸다. 이 사람은?	조선 후기에 평범한 서민 중에서 그림 그리기를 직업으로 삼는 화가들이 나타났다. 이들을 서민화가라고 하는데, 이들이 그린 그림을 무엇이라고 하는가?

일본 천황이 사는 궁궐의 문 이름인 '사쿠라다몬'의 이름을 따서 '사쿠라다몬 의거'라고도 불리는 사건. 일본으로부터 독립하기 위해 천황을 죽이려고 했던 이 사건을 일으킨 사람은?	물통 폭탄을 던져 일본의 높은 관리와 장군이 참석하는 행사에서 거사를 일으킨 사람은? (실제로 도시락 폭탄은 자결용이었다.)
임시 정부는 중국의 낙양 군관학교에 조선인 특별반을 두고 군사 훈련에 힘을 기울였다. 상하이 임시 정부의 군대를 무엇이라고 하는가?	일본은 전쟁에 필요한 군사 시설과 비행장을 짓거나 광산에서 석탄을 캐기 위해 조선인들을 강제로 끌어갔다. 이것을 무엇이라고 하는가?
미국, 영국, 프랑스, 소련 등이 한편이 되고 독일, 이탈리아, 일본 등이 한편이 되어 싸운 세계 규모의 전쟁은? (당시 독일은 히틀러, 이탈리아는 무솔리니, 일본은 천황이 지도자였다.)	일본은 12세 이상 40세 미만의 여자들을 의무적으로 공장에 나가 전쟁에 필요한 각종 물자를 만들게 했다. 이렇게 공장에 나가서 일하는 것을 무엇이라고 부르는가?
일본군을 위해 15세에서 19세에 이르는 꽃다운 조선 처녀들을 강제로 끌고 가 만든 것은?	조선의 청년과 학생들은 일본 군복을 입고서 일본 군인이 되어 전쟁터로 나가 싸워야 했다. 일본 군인으로 소집되는 것을 무엇이라고 하는가?
'죽는 날까지 하늘을 우러러 한 점 부끄럼 없기를. 잎새에 이는 바람에도 나는 괴로워했다. 별을 사랑하는 마음으로 모든 죽어가는 것들을 사랑해야지' 이 시의 지은이는?	해방 후 국회가 친일파를 처벌하기 위해 만든 위원회는?

활동자료 ④ 한국사카드 뒷면 정답: A4 크기로 1모둠에 1장 출력

빗살무늬토기	울산반구대 바위 그림	호족	미륵신앙	위화도	과전법
가락바퀴	움집	궁예	왕건	경복궁	근정전
돌보습	뗀석기	장보고	신라 경순왕의 항복	사정전	강녕전
간석기	청동기	결혼정책	풍수지리설	한양	수표
거푸집	삼국유사	문벌	노비안검법	훈민정음	용비어천가

보릿고개	목민심서	이봉창	윤봉길
상품 작물	금난전권	광복군	징용
보자기상인 등짐상인	전기수	제2차 세계대전	정신대
판소리	신재효	위안부	징병
화원	민화	윤동주	반민족 행위 특별 조사위원회

❖ 학습도움말

한동안 논술 붐이 일어났을 때, 역사에 관한 논술이 많은 교육 과정에 활용되었다. 그러나 학생들의 역사에 대한 배경 지식이 전무한 가운데, 한 가지의 역사적 사건을 놓고 토론을 하거나 글을 쓰는 것은 무리가 있었다. 아이들이 한국사에 흥미를 느끼게 하려면 먼저 많이 알고 있다는 자부심을 심어 주는 것이 우선이었다. 아이들은 자신들이 잘하는 것을 좋아하게 되는 경향이 있기 때문이다.

그러나 한국사를 단순 암기하지 않도록 게임을 진행하려면 '게임 전 활동'과 '게임 후 활동'을 유기적으로 잘 구성해야 한다. 학생들이 즐겁게 게임 활동을 하더라도 그 진행 과정은 교육적 목적을 달성하기 위한 것이어야 한다.

게임판을 만들 때는, 구석기 시대부터 현대사까지의 역사를 시대별로 색깔 구분을 하여 만들면 효과적이다. 러시아의 심리학자 알렉산드르 로마노비치 루리야(Alexander Romanovich Luria, 1902~1977)는 《커다란 기억력에 대한 작은 책》에서 시각 기억력과 청각 기억력이 함께 이루어진 기억력을 공감각적 기억력이라고 했다. 여러 감각 기관이 함께 작용하는 것은 기억에 도움을 준다. 그래서 카드 색깔별로 시대를 달리하면 억지로 암기하는 대신에 그 색깔이 어느 시대였는지를 직감적으로 알 수 있다. 예를 들면, 고려의 토지제도 전시과와 조선의 토지제도 과전법에 대해 배웠더라도 시간이 조금 지나면 어느 시대의 토지제도인지 혼동하는 경우가 많다. 이럴 때 바탕 색깔을 떠올리면 시대를 굳이 암기하지 않아도 금방 기억해 낼 수 있는 것이다.

말랑말랑 한국사 게임은 《한국사 편지》 1~5권을 사전 과제로 읽고 진행했다. 이 책은 아이들이 쉽게 읽을 수 있어서 선호하는 책이지만, 책을 덮고 나면 선명하게 떠오르는 것이 없다는 단점이 있다. 이야기 형식으로 진행되어서 그럴 수도 있지만, 역사를 쉽게 읽을 수 있다는 점에서 좋은 책이라 할 수 있다. 이 책을 사전에 읽고 와서 게임을 진행하면, 한국사를 스토리텔링적 요소로 접근한 후 놀이로 익히게 되는 장점이 있다. 한국사카드의 문제가 익숙해지고 답을 많이 알게 될수록 게임에 더 빠져들며 반복하기를 즐기게 되는 효과가 있다.

사전에 책을 읽고 진행한다는 것 외에도, 게임 후 학습 활동을 잇는 마무리 활동이 필요하다. 기록지의 내용은 단답식의 문제가 아니라 토의가 필요한 문제로 구성한다. 왜 그런 사건이 일어났는지 등의 원인 찾기, 사건의 진행 과정 정리하기, 사건의 결과 알아보기, 사건이 미친 영향은 무엇인지 토의하기 등의 활동을 통해 역사에 대한 관심을 높이며 흥미를 자극할 수 있다.

❖ **학습정리**

말랑말랑 한국사 게임이 끝난 후, KWL 차트를 이용하여 우리 역사에 대하여 더 자세히 알아보자.

Know 알고 있는 것	Want 알고 싶은 것	Learn 알게 된 것

❖ 평가

게임 후 셀프 체크리스트 (1:부족함, 2:보통, 3:잘함)

평가 내용	1	2	3
1. 한국사 책을 잘 읽었는가?			
2. 시대별 특징과 사건, 인물들에 대하여 알게 되었는가?			
3. 말랑말랑 한국사 게임을 예의를 갖추어 진행했는가? (말투, 정확한 발음, 순서 지키기 등)			
4. 적극적으로 참여했는가?			
5. 한국사 게임 후에 더 알고 싶은 것이 있었는가?			

게임 후 소감(어려운 점, 즐거운 점, 깨달은 점)

루브릭 평가

평가 요소	세부 내용	1	2	3
지식 및 이해력	시대별 제도와 사건에 대하여 이해하고 알게 되었다.			
협업 능력	다른 모둠원들과 의사소통하며 모둠별 활동에 적극적으로 참여했다.			
창의적 사고력	역사적 사건의 원인과 흐름을 분석하고 이야기할 수 있었다.			

카드로 즐기는 의궤 게임

❖ 학습목표

역사책 《조선 왕실의 보물 의궤》를 읽고 의궤가 무엇이며, 어떤 목적으로 만들어졌으며, 어떤 이유로 약탈당했는지, 현재는 어디에 있는지를 알 수 있다. 이 과정을 알고, 몇몇 의궤의 내용을 게임으로 진행한다.

- **지식정보처리 역량**

  게임을 통해 조선 왕실의 의궤에 대해 알고, 의궤와 관련한 역사적 사실을 이야기할 수 있다.

- **의사소통 역량**

  단계별 다양한 게임을 통해 함께 협동하여 해결하며 게임의 규칙을 지키고 소통할 수 있다.

- **공동체 역량**

  우리 민족의 우수성을 간직한 의궤가 약탈당한 과정을 알고, 의궤에 대한 관심이 확대되어 앞으로 우리 문화재 반환을 위해 나아갈 바를 알 수 있다.

❖ 준비물

활동자료, 역사책 《조선 왕실의 보물 의궤》

❖ 학습절차

도입	책 읽기와 책 내용에 대한 이야기 나누기, 모둠 짓기 3~4명을 한 모둠으로 구성한다. 가위바위보로 왕, 영의정, 우의정, 좌의정, 사관, 내시 등을 정하고 관직의 이름과 직책을 설명해 준다(역할은 생략해도 좋다).

진행1	사전활동으로 의궤 관련 신문기사와 미디어 자료를 보고, 의궤에 대하여 알아본다. 의궤 책을 보며 조선 왕실의 행사에 관해 이야기 나눈다. 	왕의 탄생	왕의 활쏘기	왕의 결혼	왕의 제사
---	---	---	---
정종대왕 태실 가봉 의궤	대사례 의궤	영조 정순왕후 가례도감 의궤	종묘 의궤, 경모궁 의궤
왕의 건축	왕의 행차	왕의 죽음	
화성 성역 의궤	원행을묘 정리 의궤	정조 국장도감 의궤	| 4개의 카드가 한 세트로 구성된 의궤카드를 살펴보고 익힌다. 예) ① 의궤 명칭 ② 명칭 설명 ③ 의궤 관련 자료 설명 1 　　④ 의궤 관련 자료 설명 2 | 대사례 의궤	왕이 여는 활쏘기 행사에 대한 기록	화살이 과녁을 맞 히면 북을 울리고, 맞히지 못하면 징을 울림	왕의 과녁은 곰의 머리, 신하의 과녁은 사슴 머리
---	---	---	---	
진행2	4개의 카드 중에서 ① 의궤 명칭 ② 명칭 설명 카드를 활용하여 메모리 게임을 진행한다. 반복하면 학습의 효과가 크다. 두 번째 게임은 화투의 방식을 빌려온 게임이다. 전체 카드를 잘 섞은 후 3장을 바닥에 깔아 놓고, 한 모둠당 2장씩 나누어 준다. 나머지는 가운데에 뒤집어서 쌓아 둔다. 순서대로 돌아가며 손에 들고 있는 카드와 바닥에 있는 카드가 같으면 가져와서, 모둠 앞에 나열해 놓는다.
마무리	의궤 게임 후의 느낌을 발표하게 한다. 이때 해외 유출 문화재나 유출 이유, 환수 등에 대해 언급하며 마무리하면 좋다.

활동자료 ① 게임 규칙: A4 크기로 1모둠 1장 출력

의궤 게임 규칙

❖ **게임 준비**

1. **세팅**   모둠에 의궤카드(24장)를 준비한다.

2. **시작**   플레이어는 3~4명이 한 모둠이 되도록 한다.

❖ **게임 진행**

3. **게임**
   - 24장의 카드를 모두 섞어서 1인당 2장씩 나누어 주고, 바닥에 3장을 앞면이 보이도록 깔아 놓고, 나머지 카드는 뒤집어서 쌓아 놓는다.
   - 순서를 정하여 짝이 맞는 카드가 있으면 가져와 카드 앞면이 보이도록 자신의 앞에 나열해 놓는다. 카드가 다 소모될 때까지 진행한다.

❖ **게임 승리**

4. **결과**   4개 세트를 모두 가진 것은 3점, 나머지 카드는 1점으로 계산하여 점수가 높은 사람이 승리한다.

학생 배부용 게임 규칙

활동자료 ② 읽기 자료: A4 크기로 1인 1장 출력

소년한국일보

2011년 04월 16일 01면 (종합)

조선 왕실 문화의 꽃, 145년 만에 다시 피다

임금이 보던 '외규장각 도서'…결혼·장례 등 꼼꼼히 기록

병인양요 프랑스가 훔쳐 일본에 있는 의궤도 찾아야

'조선 왕실 문화의 꽃'으로 불리는 조선 왕실 의궤가 145년 만에 고국 땅을 밟았다. 프랑스 파리 국립도서관에 소장된 296권 가운데 1차분 의궤 75권이 14일 국립중앙박물관으로 옮겨진 것을 시작으로, 나머지 221권도 5월 27일까지 3차례로 나누어 되찾아 온다. 외규장각 도서 반환 과정과, 조선 왕실 의궤 등을 안내한다.

되찾기까지

외규장각은 1782년 정조가 강화도 궁궐 안에 별도로 지은 도서관이다. 1866년 병인양요 때 강화도를 침략한 프랑스군이 철수하면서, 여기에 보관 중이던 340여 권은 훔쳐 가고, 건물은 불태웠다. 그 가운데 297권이 파리 국립도서관에 있음을 확인한 박병선 박사가 1975년에 처음 알렸다. 그 뒤 1991년 서울대가 외규장각 도서 반환을 정부에 요청하면서 도서 반환 운동이 한국을 찾아 환경원 원본 도감 의궤 1권만 돌려주기도 했다. 1993년 9월 프랑수아 미테랑 대통령이 한국을 찾아 환경원 원본 도감 의궤 1권만 돌려주기도 했다. 협의 형식으로 돌려주기로 했다. 협의 벽에 부딪혀 접점 답답 종사의 벽에 부딪혀 대통령이 지난해 11월 G20 서울 정상회의 때 '5년마다 갱신하는 대여' 방식으로 돌려주기로 약속했다.

조선 왕실 의궤는?

프랑스가 약탈해 간 외규장각 도서 297권 가운데 294권이 의궤다. 의궤는 왕실의 결혼, 장례, 잔치, 성곽 건설 등 조선 왕실의 다종 행사의 내용을 그림 중심으로 꼼꼼하게 기록한 문서다. 이러한 책은 전 세계에서 유일하다. 이번에 돌아오는 의궤는 '기해 도감 의궤', '영접 도감 의궤' 등 191종 296권이다. 이들 의궤는 대부분 조선 후기 것으로, 당시의 정치·사회 모습이나 왕실 문화를 잘 보여 준다. 의궤는 임금이 볼 수 있게 고급스럽게 만든 어람용과 보관용 등 2종류가 있다. 그중 어람용은 일반 종이보다 두꺼우면서도 잘 번지지 않고, 표지도 고운 녹색 비단으로 입혀 가치가 높다. 이번에 돌아오는 의궤는 거의 모두 어람용으로, 국보급의 가치를 지닌다.

일본에 있는 의궤도 반환은?

지난해 11월 한국과 일본 정상은 조선 왕실 의궤 반환(대상 도서는 조선 왕실 의궤 등 1205권) 협정을 맺었으나, 현재까지 일본 국회는 비준 등의 절차를 밟지 않고 있다. 게다가 최근 동일본 대지진 때문에 한국과 일본 사이의 문제는 뒷전으로 밀리고 있다. 여기에 일본 중앙 정부의 독도 영유권 주장이 강화되고, 이에 우리 정부가 강력하게 맞서면서 외교적 긴장마저 높아진 상태다. 따라서 의궤 반환은 좀 더 시간이 걸릴 것으로 보인다.

/서병구 기자 wkseo@snmk.co.kr

14일 오후 외규장각 도서가 국립중앙박물관에 도착해 수장고로 옮겨지기 전 정병국 문화체육관광부 장관과 김영나 국립중앙박물관장 등이 의궤가 든 상자를 살펴보고 있다.

/신상순 기자 ssshin@hk.co.kr

'영조 정순왕후 가례 도감 의궤' 중에 실린 한 면의 반차도(궁중의 다종 행사 행렬의 독 다음에 쓴 큰 상 리 그림. 주작기, 황룡기 쓴 모습이다.

'영조 정순왕후 가례 도감 의궤' 금연영부가 직행되 앞에 세우던 기, 그리고 교통기(임금이 가둥 여경 행렬의 독 다음에 쓴 기) 부분.

활동자료 ③ 의궤카드: A4 크기로 1모둠 1장 출력

| 태실 가봉 의궤 | 태를 보관하는 곳과 그 주변을 꾸미는 것에 대해 기록한 의궤 | 태봉산 | 태실이 있는 산 |

| 대사례 의궤 | 왕이 여는 활쏘기 행사에 대한 기록 | 화살이 과녁을 맞히면 북을 울리고, 맞히지 못하면 징을 울림 | 왕의 과녁은 곰의 머리, 신하의 과녁은 사슴 머리 |

| 가례도감 의궤 | 왕실의 경사와 관련한 행사로 왕과 왕세자의 결혼식에 대한 기록 | 금혼령 | 왕비를 뽑는 기간 동안 전국 처녀들의 결혼을 금하는 것 |

종묘 의궤	제례의 순서, 사용한 물품 등의 왕실 제사에 대한 기록	종묘 제례	왕이 직접 참여하는 나라의 큰 제사로 일 년에 다섯 번 지냄
화성 성역 의궤	정조 시대에 화성을 둘러싸는 성곽을 만드는 과정 등의 모든 기록	정약용 거중기	무거운 물건을 들어 올리는 기계로 서양에서 전해진 책을 참고하여 만든 것
국장도감 의궤	왕의 장례와 관련한 기록으로 기간이나 진행이 까다로워 기록의 양도 많음	초혼 의식	임금님이 돌아가셨을 때 옷을 흔들며 혼을 부르는 의식

❖ **학습도움말**

역사는 과거와 현재로 나뉘는 것이 아니라 과거에서 현재까지 이어지고, 미래를 향해 나아가는 길 위에 있다.

말랑말랑 한국사 게임이 과거의 사실적 역사에 대한 이해와 기억 게임이라면 의궤 게임은 미디어 리터러시와 접목한 게임이다. 의궤는 조선 시대에 왕실이나 국가의 주요 행사 내용을 정리한 기록으로 유네스코 지정 세계기록유산이다. 국가에서 큰 행사나 의식을 치를 때 후세 왕들이 참고하여 그 의식을 치를 수 있게 하려고 만든 소중한 유산인 것이다. 왕실의 혼사, 장례, 잔치 등 반복적인 행사를 기록하여 비슷한 행사가 있을 때 참고하도록 했다.

1866년 병인양요 때 강화도에 침략한 프랑스군이 외규장각에 보관된 의궤를 약탈해 갔다. 파리 국립도서관에 보관되어 있던 의궤를 박병선이 처음 발견했고, 이후 우리나라 정부의 반환 요청이 계속되었다. 1991년 협상이 시작됐는데, 2010년에 양국은 5년 단위의 임대 방식으로 의궤를 한국에 반환하는 것에 합의했다.

2011년 4월 14일 외규장각 도서가 반환되던 그해에 학생들과 함께 기사를 읽고, 의궤 게임을 했다. 진지하고 감동적인 수업으로 기억하는데, 해가 지나고 매년 수업을 진행해도 학생들의 호기심과 흥미는 줄어들지 않았다. 우리의 의궤가 완전하게 우리에게 돌아온 것이 아니라 여전히 임대 중이라는 사실이 학생들에게 역사에 대한 관심과 흥미를 자극하는 역할을 했다. 아픈 우리의 역사, 그래서 다시는 그런 아픔을 반복하지 말아야겠다는 의식을 심어줄 수 있는 수업이 진행됐다.

통사로 공부하는 한국사와 달리, 의궤는 역사 안에서의 주제 중심 수업이라고 할 수 있다. 의궤 게임 전의 활동들이 게임에 의미를 부여할 수 있다. 아이들과 의궤 반환에 관련한 기사와 영상 등을 먼저 보면서 의궤가 무엇이고, 왜 의궤를 프랑스가 가지고 있는지에 대한 활동이 진행되면 아이들의 관심과 만족도도 높아진다.

만약 초등 저학년 학생들이 역사를 잘 모르는 가운데 주제 중심 수업으로 의궤 게임 수업을 하고 싶다면 〈진행 1〉의 과정을 몸으로 하도록 하는 것도 좋다. 의궤카드의 문제를 출제하는 학생이 가운데 서 있고, 참여 학생들이 출제 학생을 중심으로 동그랗게 원을 그린다. 정답을 말한 학생은 한 발씩 앞으로 나아갈 수 있다. 제일 가까이 다가간 학생이 그 다음 문제를 출제할 수 있다.

수업 참여 인원에 따라 4인 1팀, 6인 1팀, 전체 인원 중 한 명만 앞에 나와서 설명하고 전원이 참여하는 식으로 반복적인 게임을 할 수 있다.

독일의 심리학자 헤르만 에빙하우스(Hermann Ebbinghaus, 1855~1909)의 망각곡선에 따르면 시간이 지남에 따라 기억은 점점 감소한다. 그래서 의식적으로 학습한 지식을 다시 복습할 필요가 있다. 기억이 강하면 강할수록 더 오랜 시간이 지난 후에도 정보를 다시 떠올릴 수 있게 된다. 역사는 몇 번의 시험을 끝으로 잊어버려도 되는 것이 아니라 우리의 삶에서 수시로 떠올려야 하는 것이기에 장기기억을 할 수 있는 학습 방법이 필요하다.

의궤 게임 카드는 설명 카드로만 구성되어 있는데, 여백의 카드를 학생들에게 배포하고 실제 대사례 의궤, 종묘 의궤 등의 의궤 사진을 붙여서 같이 활용하면 더욱 효과적이다.

참고자료: 《조선 왕실의 보물 의궤》, 유지현, 토토북, 2009

❖ 학습정리

외규장각은 무엇이며 어떻게 프랑스 파리 국립도서관이 보관하게 된 것일까요?

외규장각 도서는 우리의 것이지만 '5년마다 갱신이 되는 대여' 방식으로 돌려받았습니다. 해외로 유출된 우리의 문화재는 14만 점이 넘을 것이라고 합니다. 그러나 우리는 행방조차 모르는 문화재가 아직 많습니다. 우리의 문화재를 돌려달라는 편지글을 써 보세요.
(구체적인 대상을 정해서 쓰면 더 좋습니다. 예: 프랑스 정부, 일본 정부 등)

❖ 평가

게임 후 셀프 체크리스트 (1:부족함, 2:보통, 3:잘함)

평가 내용	1	2	3
1. 의궤가 무엇인지 알았는가?			
2. 조선 왕실의 다양한 의궤가 종류별로 어떤 행사를 기록한 것인지 알았는가?			
3. 의궤 사진과 명칭을 잘 연결할 수 있었는가?			
4. 우리의 의궤가 다른 나라에 가 있는 이유와 해외에 있는 다른 문화재들에 대하여 알았는가?			
5. 우리 문화재를 되돌려 받는 방법에 관해 친구들과 의견을 나누어 보았는가?			
게임 후 소감 (어려운 점, 즐거운 점, 깨달은 점)			

루브릭 평가

평가 요소	세부 내용	1	2	3
지식 및 이해력	의궤에 대해 이해하고 다양한 종류별 의궤가 있다는 것을 알게 되었다.			
공동체 능력	의궤 외에 해외에 있는 우리 문화재에 대하여 알고, 되돌려 받는 방법을 찾아보았다.			
의사소통 능력	경쟁이 아닌 대화와 즐기는 자세로 의궤 게임에 참여했다.			

사회, 그 속에서 찾은 문화 게임

'사회 교과를 좋아하고 잘하는 아이가 미래 인재다.'

사회 교과 선생님들이나 사회 교과를 좋아하는 사람들만 동의하는 것은 아닐 것이다. 사회 교과는 흔히 말하는 수학, 과학, 영어에 비해서 중요성을 인정받는 교과는 아니다. 그러나 사회 교과의 내용을 잘 살펴보면 우리의 일상생활과 밀접한 관련이 있다는 걸 알 수 있다. 지리, 법, 윤리, 정치, 경제 등을 아우르는 사회 교과는 우리가 알아야 할 지식과 정보, 생각해야 할 윤리적 문제, 우리 주변의 다양한 문화적 활동 등에 대한 포괄적 이해를 가능케 한다. 이것을 잘 이해하고 즐기는 아이들이 '나와 타인에게' 관심을 두는 미래 인재인 것은 분명하다.

사회 교과 분야의 교육에 관심을 갖고 분야별로 다양한 보드게임을 진행한 결과 아이들의 높은 관심과 만족도를 끌어낼 수 있었다. 또한 아이들이 지역사회의 각종 행사에 관심을 갖게 되고, 지역 봉사 활동에도 참여하는 계기가 되기도 했다.

초등 사회 교과에 우리 고장의 모습이나 우리 지역의 역사, 우리 문화의 중심지를 다루는 단원이 있다. 아이들이 우리나라의 지역들을 떠올릴 때 책에서 본 내용을 기억하면 좋겠지만, 아이들 대부분은 지도나 지하철 노선도 등을 낯설어하는 게 현실이다. 지도상에 그 지역의 특징이나 특산물이 표시된 그림들도 있지만, 시험 보기 위해서가 아니면 눈여겨보지 않는다. 필자는 아이들이 직접 지도를 보며 문화재를 찾아가게 해 보았다. 가정이나 학교에서 여행을 갈 때 지도를 보며 길을 찾아가는 경우는 드물다. 그래서인지 아이들은 지도를 보며 길을 찾다가 이리저리 헤매기 일쑤였고, 지하철 노선이 서로 연결되어 있는 것과 환승역에서 갈아탈 수 있다는 것을 신기해했다. 그런 아이들과 지하철에 대한 이야기를 나누어 보았다.

대한민국 서울에는 1호선부터 9호선까지 총 331.9km 길이의 지하철이 있다. 지하철 본고장인 런던, 뉴욕, 도쿄, 상하이, 모스크바, 파리 등과 겨루어도 뒤지지 않는다. 서울의 지하철이 구상되기 시작한 것은 1960년대 초반으로 추정되는데 처음부터 많은 사람이 지지한 것은 아니었다. 지하철 건설에 들어가는 막대한 비용과 여러 가지 이유로 지하철 건설에 강하게 반대하는 사람들 때문에 난항을 겪었지만, 서울 교통난을 해결하기 위한 여러 과정을 거치면서 본격적으로 지하철이 건설되기 시작했다.

"만약 서울에 지하철이 없었다면 어땠을까?"

같은 서울인데도 지역적으로 지하철역 가까이에 살면서 자주 지하철을 이용하는 아이들과 그렇지 않은 아이들 사이에서 의견이 분분했다. 하지만 버스와 택시 외의 교통수단으로 지하철이 있다는 것은 그만큼 생활이 편리하다는 것을 의미한다는 것엔 모두가 동의했다. 반면에 지하철이 있어서 불편한 점도 있었다. 동네에 외부인들이 많이 드나들거나, 지하철역 근처 상권이 발달한 지역은 사람들 왕래가 잦아 시끄럽고 위험하다는 것이었다.

지하철에 대한 장단점, 주변 환경에 미치는 긍정적·부정적 측면에 관해 모둠별로 이야기를 나누는 시간을 주니, 어른인 내가 생각하는 것 이상으로 다양한 이야기들이 쏟아졌다. 이 게임을 통해 대한민국 중심지 주변의 유명한 장소와 기념관 등에 대해 잘 알 수 있고, 서울 전역을 지하철로 쉽게 둘러보는 계획도 세울 수 있다는 점에서 의미가 있을 것이다.

서울 지하철 나들이

❖ 학습목표

대한민국 수도의 중심지에 뻗어 있는 지하철을 바탕으로 위치 파악과 지명을 알아보고, 주변의 문화 관광지에 관해 알 수 있다. 우리 지역사회의 문화에 대해 보드게임을 만들고 즐길 수 있다.

- **지식정보처리 역량**

  우리나라 지도를 바탕으로 지명과 문화재, 지역 행사에 관해 알 수 있다.

- **창의적 사고 역량**

  게임을 통해 대한민국 중심지 서울에서 가 보고 싶은 곳을 조사하고 경로를 찾아 정리할 수 있다.

- **의사소통 역량**

  게임의 규칙을 숙지하고 게임을 진행하면서, 참여자들과 대화를 통해 의견을 나눌 수 있다.

❖ 준비물

활동자료, 주사위, 말

❖ 학습절차

도입	모둠 짓기 4명이 한 모둠이 되게 구성한다.
진행1	서울 지하철 노선도를 검토한다. 1~9호선까지의 복잡한 지하철 노선도를 보며 환승역 중심으로 유명한 지명을 찾아본다.

	1~4호선 색깔별로 만들어진 문화카드를 모둠원이 같이 읽어 본다. 지하철 노선을 보고 모둠원이 돌아가면서 길 찾아가기 문제를 내고 맞힌다. 예를 들어, 문화카드에 있는 '청계천이 있는 시청역을 가려면 4호선 사당역에서 어떻게 가야 할까?'라는 질문에 답을 한다.
진행2	게임판을 나누어 주고 게임을 진행한다. 문화카드는 설명이 위로 보이도록 쌓아 놓는다. 게임은 게임판에 빈 곳이 없으면 종료한다. 기록지에 문화카드의 장소를 가 보고 싶은 곳, 가 본 곳, 특별한 곳으로 분류하고 그 이유를 발표한다. 모둠원이 가장 많이 가 보고 싶은 곳은 어디인지 모둠별로 표시하여 '인기 있는 곳'을 선정해 본다.
마무리	지도자는 서울 지역뿐 아니라 우리 지역사회의 문화유적지와 명소 등에 대하여 알아보고, 지역 나들이 게임 만들기 등에 대한 소개로 마무리한다.

활동자료 ① 게임 규칙: A4 크기로 1모둠에 1장 출력

지하철 나들이 게임 규칙

❖ **게임 준비**

1. 세팅 모둠에 게임판(1장)과 문화카드, 타일카드, 나들이카드, 주사위(1개), 말(4개)을 준비한다.

2. 시작 플레이어는 4명이 한 모둠이 되도록 한다. 각 플레이어는 게임판의 네 꼭짓점의 위치에 말을 놓는다.

❖ **게임 진행**

3. 게임
- 순서를 정하고 주사위를 굴려 원하는 방향으로 진행한다(가로세로 다 가능).
- 정해진 위치에 말을 놓고, 문화카드를 1장 뽑아서 읽고 답을 말한다.
- 정답이면 그 주사위 자리에 자신의 타일카드를 놓을 수 있다.
- 이미 다른 플레이어의 타일카드가 있는 자리에는 그 위에 겹쳐 놓는다.
- 타일카드는 최대 4개까지 겹쳐 놓을 수 있다.
- 게임판의 노란색 구간 4곳에 들어가면 나들이카드를 뽑고 그 카드의 지시에 따른다.

❖ **게임 승리**

4. 결과 라인 연결이 3개가 되면 게임이 종료되고 승리한다. 더는 타일을 놓을 수 없으면 게임을 종료하고 타일 1개에 1점, 연결된 라인은 타일×2를 하여 점수를 계산한다.

학생 배부용 게임 규칙

활동자료 ② 게임판: A3 크기로 1모둠에 1장 출력

출발	1호선	4호선	3호선	1호선	3호선	2호선	1호선	4호선	출발
4호선									2호선
2호선				나들이					2호선 / 3호선
1호선									1호선
3호선					나들이				3호선
1호선						나들이			4호선
4호선			나들이						1호선
2호선									2호선
출발	3호선	2호선	1호선	4호선	3호선	2호선	4호선	3호선	출발

신나는 미디어 교육 보드게임 연구회

활동자료 ③ 타일카드: A3 사이즈로 1모둠에 1장 출력

3호선	2호선	1호선	4호선	3호선	2호선	1호선	4호선
3호선	2호선	1호선	4호선	3호선	2호선	1호선	4호선
3호선	2호선	1호선	4호선	3호선	2호선	1호선	4호선
3호선	2호선	1호선	4호선	3호선	2호선	1호선	4호선
3호선	2호선	1호선	4호선	3호선	2호선	1호선	4호선
3호선	2호선	1호선	4호선	3호선	2호선	1호선	4호선
3호선	2호선	1호선	4호선	3호선	2호선	1호선	4호선
3호선	2호선	1호선	4호선	3호선	2호선	1호선	4호선
3호선	2호선	1호선	4호선	3호선	2호선	1호선	4호선
3호선	2호선	1호선	4호선	3호선	2호선	1호선	4호선
3호선	2호선	1호선	4호선	3호선	2호선	1호선	4호선
3호선	2호선	1호선	4호선	3호선	2호선	1호선	4호선
3호선	2호선	1호선	4호선	3호선	2호선	1호선	4호선
3호선	2호선	1호선	4호선	3호선	2호선	1호선	4호선

활동자료 ④ 문화카드(앞면) : A3 크기로 1모둠에 1장 출력

압구정역 | 도산 안창호 선생의 애국정신을 기리고자 1973년 조성된 공원.	**잠실역** | 한강 매립사업으로 만들어진 호수로 예전의 송파나루터. 호수 둘레가 2.5km. 서울 시민의 산책로로 인기.	**남대문역** | 우리나라 국보 1호. 한양 도성의 남쪽 문이자 정문의 역할을 했음. 2008년 화재로 타버려 2013년 새로 복원됨.	**충무로역** | 한옥이 보존돼 있는 마을. 남산골 제 모습 찾기 사업에 의해 조성한 마을로 민속자료 한옥 5개 동을 복원함.
남부터미널역 | 서초구에 자리 잡은 복합 예술 센터로 오페라 하우스, 음악당, 미술관, 서예관, 야외극장 등이 있음.	**신촌역** | 다양한 생명체들에 관한 자료 전시관으로 공룡 모형부터 3,500여 점의 유물이 전시됨.	**종각역** | 보물 제2호로 6·25전쟁으로 파손된 것을 1953년 증건. 광복절, 삼일절, 매년 마지막 날 등의 기념에 타종함.	**혜화역** | 서울대 이전 후 조성된 공원. 경성제국대학 시절 심은 것으로 알려진 키 큰 마로니에 나무가 상징임.
잠원역 | 수도 서울의 상징인 강의 이름을 딴 공원. 유람선을 탈 수 있고, 산책 및 휴식을 즐길 수 있음.	**낙성대역** | 귀주대첩의 영웅인 고려의 명장 강감찬 장군의 출생지. 이곳에 별이 떨어진 후 태어났다고 함.	**종로3가역** | 조선 시대 역대의 왕과 왕비의 신주를 모신 왕가의 사당으로 유네스코 세계유산임.	**혜화역** | 전 국민의 과학화를 목표로 과학기술의 대중화 역할을 수행하는 상설 전시장.
경복궁역 | 한양을 도읍으로 정한 후 종묘, 성곽, 사대문, 궁궐 등을 짓기 시작하여 1395년에 완성함. '큰 복을 누리라'는 뜻을 지님.	**을지로3가역** | 서울의 한복판인 종로구와 중구의 경계를 가로지르는 물길로 사람이 북적임.	**제기동역** | 조선 시대 역대 임금들이 풍년을 기원하기 위해 단을 쌓고 제사 지낸 곳. 설렁탕의 유래.	**길음역** | 서울 북부와 경기도 고양시 경계에 있는 진산으로 백두산, 지리산, 금강산, 묘향산과 함께 오악에 포함되는 명산.
경복궁역 | 종로구 경복궁경내에 있음. 대한민국의 대표적인 생활사 박물관으로 민속자료를 연구 보존하기 위해 설립.	**선정릉역** | 유네스코 세계유산인 조선 9대 임금 성종과 계비 윤 씨의 무덤. 11대 중종의 정릉도 같이 있음.	**종로3가역** | 우리나라 최초의 도심 공원으로 삼일운동이 일어났던 곳. 고종 때 영국인 브라운이 설계함.	**회현역** | 서울 시내 중심가에 위치. 외국 관광객을 비롯해 하루 40만 명이 찾는 곳. 1,700여 종의 물건을 갖춘 전문종합시장.
동대입구역 | 1950년 민족 예술의 발전을 위해 국가에서 설립한 아시아 최초의 국립극장. 많은 공연이 펼쳐짐.	**서울대입구역** | 북한산, 남한산과 함께 서울 분지를 둘러싼 자연 방벽으로 629m임.	**동대문역** | 한양을 보호하기 위해 만든 도성으로 8개의 문 가운데 동쪽에 있는 성문. 조선 후기 건축 양식을 잘 나타내고 있음.	**수유역** | 1960년 4·19혁명 희생자 224분의 합동 분묘로서, 기념탑이 있고 탑문이 새겨진 국립묘지.
무악재역 | 조선 개국 초기에 서산이라 함. 세종 때부터 이렇게 불림. 불법을 수호하는 금강신의 이름으로 조선왕조 수호의 의미.	**을지로입구역** | 한국 최초의 천주교 본당으로 프랑스 신부 고스트가 설계하여 1898년 완성함. 종교적·건축적 가치가 높음.	**시청역** | 조선 시대의 궁궐로 원래 명칭은 경운궁. 1907년 고종이 순종에게 양위한 뒤 이곳에 살면서 명칭이 바뀜.	**삼각지역** | 전쟁에 관한 역사를 기록한 기념관. 호국정신에 대한 다양한 기록과 자료가 수집, 보존, 전시됨.
녹번역 | 세조가 왕이 되지 못하고 죽은 아들 덕종의 넋을 위로하고자 지은 사찰로 황금 법당이 있다.	**삼성역** | 신라시대 연회국사가 창건하였고, 일제시대 사찰을 관장했음. 선종 불교의 대표적인 곳.	**종각역** | 도심 속 전통 물건 교환의 장. 골동품, 화장, 필방, 전통찻집, 전통음식점 등이 있음.	**회현역** | 서울의 랜드마크이며 한국 최초의 타워 형태 관광명소로 실제 높이 480m에 이르는 동양 최고 타워.

활동자료 ⑤ 문화카드(뒷면) : A3 크기로 1모둠에 1장 출력

도산공원	석촌호수	숭례문	남산골 한옥마을
예술의전당	서대문 자연사박물관	보신각	마로니에공원
한강시민공원	낙성대	종묘	국립서울과학관
경복궁	청계천	선농단	북한산
국립민속박물관	선정릉	탑골공원	남대문시장
국립극장	관악산	흥인지문	국립 4.19 민주묘지
인왕산	명동성당	덕수궁	전쟁기념관
수국사	봉은사	인사동	남산서울타워

활동자료 ⑥ 나들이카드: A3 크기로 1모둠에 1장 출력

❖ 학습도움말

지하철 나들이와 뒤에 소개하는 전국문화투어는 사회 교과의 우리 고장, 각 지역의 문화재와 행사 등에 관심을 가지고 즐기려는 의도로 만든 보드게임이다. 필자는 여러 학교에서 진행하기 위해 실제 시판되는 보드게임의 형식으로 카드와 코인을 만들어서 진행했다. 하지만 학교 현장에서는 공들여 만들어도 여러 번 반복하여 수업할 여건이 되지 않을 것이다. 그러므로 첨부된 카드와 게임판으로 수업을 진행하고, 그 이후에 각 지역의 특색을 살린 우리 동네 나들이 보드게임을 만들 것을 추천한다. 게임판은 그대로 사용하고 카드만 우리 지역사회의 내용으로 바꾸면 된다.

지하철 나들이와 전국문화투어는 협동학습(Cooperative Learning) 수업형태로 진행했다. 성취과제 분담학습 모형(STAD)으로 수업하는 〈진행 1〉은 게임을 시작하기 전에 모둠에 배부한 지하철 노선도를 훑어보고, 지명을 찾아보는 활동을 한다. 모둠별로 10분 정도 활동한 후, 교사가 지하철 노선도로 길 찾기 문제를 내 모둠별로 어떤 경로로 갈지에 대하여 의논하고, 발표하도록 한다. 각 카드의 질문에 대한 답이 쓰인 자료를 나누어 주고 보기로 활용하여 뒷면에 답을 쓰도록 한다.

경쟁 구조로 승리를 목표로 게임을 하다 보면 학습목표를 잃어버릴 수도 있기 때문에 지하철 나들이 게임과 전국문화투어 게임은 〈진행 1〉이 제대로 수행되어야 하며, 마무리 과정도 중요하다. 전국문화투어에 넣을 우리 동네의 문화에 대해 조사가 활발하게 이루어진다면 이 게임의 학습목표에 도달했다고 볼 수 있을 것이다.

❖ **학습정리**

가 보고 싶은 곳, 가 본 곳, 특별한 곳에 대하여 정리하고 이야기 나누기

가 보고 싶은 곳	가 본 곳	특별한 곳

가 보고 싶은 곳에 대하여 조사하기(과제)
• 가 보고 싶은 곳 : • 가 보고 싶은 이유 : • 조사 방법 : 인터넷, 책, 주변 인터뷰, 신문 등 • 위치 : • 특징 : • 가는 방법(경로) : • 조사 후 소감 :

❖ 평가

게임 후 셀프 체크리스트 (1:부족함, 2:보통, 3:잘함)

평가 내용	1	2	3
1. 게임의 내용을 충분히 이해했는가?			
2. 서울 도심의 지리적 위치에 대해 알게 되었는가?			
3. 주요 지하철 주변의 역사 유적지 및 명소에 대해 알게 되었는가?			
4. 서울 도심에서 가 보고 싶은 곳에 대하여 조사하려는 계획을 세웠는가?(수업 시간 중) 그 후 조사는 했는가?(사후과제)			
5. 예의를 갖추어 게임을 했는가? (대화, 게임 순서 지키기 등)			

게임 후 소감 (어려운 점, 즐거운 점, 깨달은 점)

루브릭 평가 (게임마다 필요 역량 명시)

평가 요소	세부 내용	1	2	3
지식 및 이해력	지하철 노선을 이해하고 지명과 역사 유적지, 명소에 대하여 이해하고 알게 되었다.			
협업 능력	다른 모둠원들과 지하철 노선도 퀴즈 활동을 즐겁게 참여했다.			
창의적 사고력	가 보고 싶은 곳을 선정하여 그곳의 위치 및 특징 등에 대하여 탐구할 수 있었다.			

기찻길 따라 전국문화투어

❖ 학습목표
우리나라의 지리적 위치와 지명을 통해서 다양한 문화재와 문화 행사 등에 관해 알고, 관심 있는 지역의 문화에 대해 탐구할 수 있다.

- **지식정보처리 역량**

  우리나라 지도를 바탕으로 지명과 문화재, 지역 행사에 관해 알 수 있다.

- **공동체 역량**

  지역사회에 대한 관심을 갖고 우리 지역의 문화적 특징을 파악하여 행사를 기획할 수 있다.

- **의사소통 역량**

  게임의 규칙을 숙지하고 게임을 진행하며 참여자들과 의견을 나눌 수 있다.

❖ 준비물
활동자료, 주사위, 말

❖ 학습절차

도입	모둠 짓기 2인 1팀이 되어 3팀(6인)이 한 모둠이 되게 구성한다.
진행1	대한민국 전국 지도를 보며 기차 노선이 지나가는 곳을 검토한다. 부산, 대구, 목포, 대전 등 대도시 중심으로 지도의 지역명을 모둠원이 같이 훑어본다. 네 가지 색깔별로 문화카드의 특징과 내용을 함께 돌려 본다. 파랑-지역 이름, 노랑-지역 문화행사, 초록-문화역사 유적지, 빨강-지역 관련 인물로 구성되어 있다.

진행2	게임판은 각 모둠당 1장씩 나누어 준다. 네 가지 색깔의 문화카드는 설명이 위로 보이게 색깔별로 쌓아 놓는다. 주사위를 굴려 나온 숫자만큼 앞으로 간다. 그곳의 색깔에 해당하는 문화카드를 1장 가져와 답을 맞히면 해피코인을 1개 받는다. (답은 뒷면 보고 확인) UP 지점에서 카드를 맞히면 해피코인 3개를 받는다. 해피코인을 10개 이상 가진 상태로 도착지점(여수)에 도착하면 승리한다. (또는 수업 시간에 따라 시간을 정하고, 시간 안에 해피코인을 제일 많이 가지고 있는 사람이 승리한다.)
마무리	보드게임이 끝나면 어떤 문제의 카드가 어려웠는지 카드 내용을 다시 점검한다. 전국문화투어 게임 안에 넣을 우리 지역의 행사나 유적지에는 어떤 것이 있는지 조사하여 보드게임에 넣기로 한다. (진행 1에서 미리 제작하여 게임을 할 때 같이 섞어서 해도 됨) 지도자는 주제와 학습목표가 잘 정리될 수 있도록 마무리 말을 한다.

활동자료 ① 게임 규칙: A4 크기로 1모둠에 1장 출력

전국문화투어 게임 규칙

❖ 게임 준비

1. 세팅 모둠에 게임판(1장)과 문화카드, 주사위(1개), 말(3개), 해피코인을 준비한다.

2. 시작 플레이어는 2인 3팀이 한 모둠이 되도록 한다. 문화카드는 색깔별로 설명이 위로 보이도록 쌓아 놓는다. (파랑, 노랑, 초록, 빨강)

❖ 게임 진행

3. 게임
- 순서를 정하고 주사위를 굴려 원하는 방향으로 진행한다.
- 말이 놓인 위치의 색깔과 같은 색 문화카드 맨 위 장을 읽고 답을 말한다. 정답이면 해피코인 1개를 받는다. UP 위치에서 답을 맞히면 해피코인 3개를 받는다.
- 문제를 맞힌 카드는 색깔별로 제일 밑에 다시 놓는다.

❖ 게임 승리

4. 결과 해피코인 10개를 가진 상태로 도착지점에 도착하면 승리한다.

학생 배부용 게임 규칙

활동자료 ② 게임판: A3 크기로 1모둠에 1장 출력

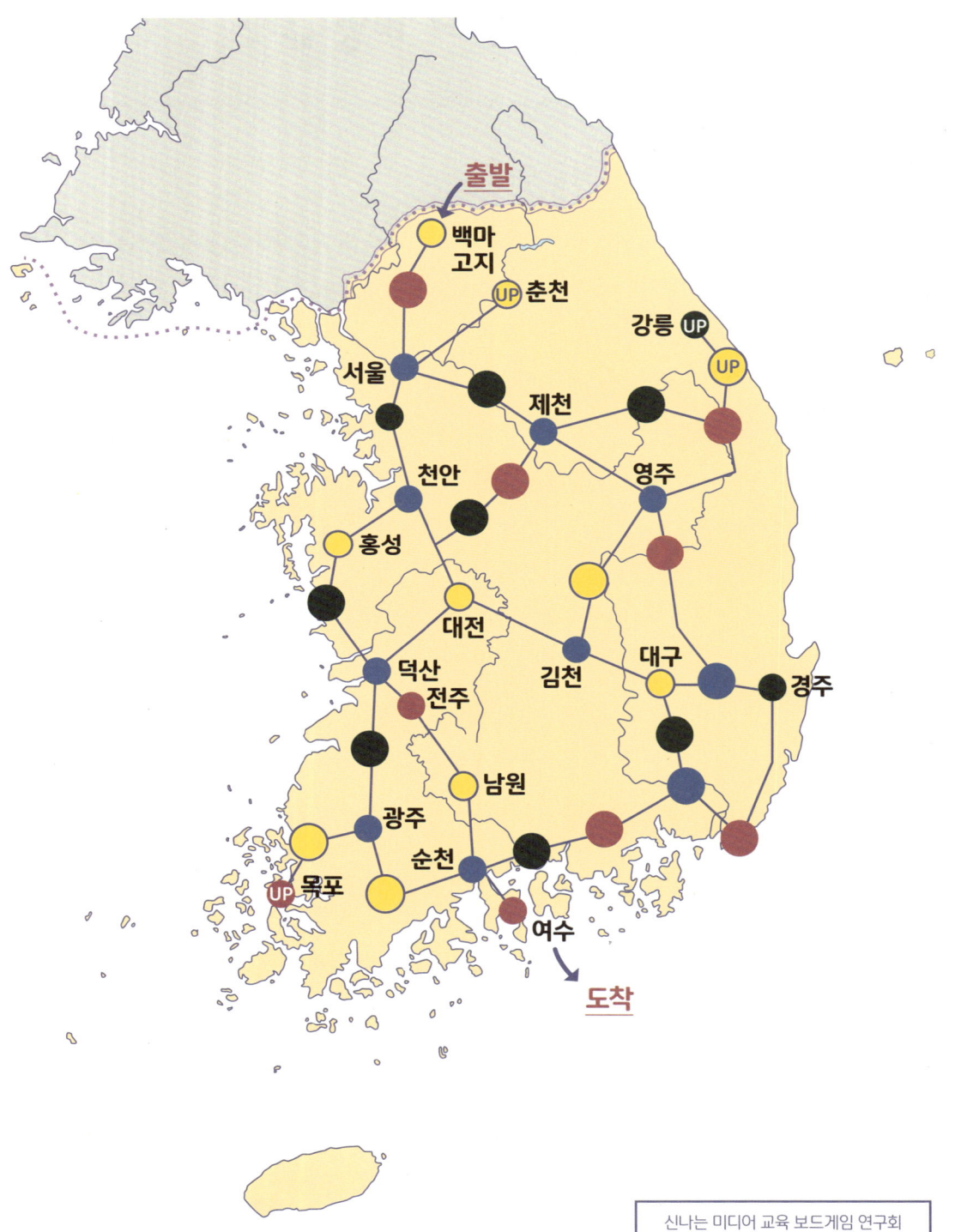

신나는 미디어 교육 보드게임 연구회

활동자료 ③ 문화카드: A4 크기로 1모둠에 1장 출력

봄을 의미하는 지명으로 강원도 중서부에 있는 시. 닭갈비로 유명함.	1995년부터 광역시가 됨. 낙동강과 금호강의 합류 지점.	전라북도 중앙에 위치. 전북의 행정·교육·문화의 중심지.	한국 중앙부에 있는 광역시. 최대의 교통 요지. 경부선과 호남선 등이 여기서 갈라짐.
나비, 꽃, 곤충을 주제로 한 다양한 전시와 체험 행사가 진행됨. 4.27~5.7	2015, 2017 세계 5대 튤립 축제로 선정. 꽃지 해수욕장 꽃지 해안공원에서 열림.	1997년 첫 개최. 620만 명이 넘는 관람객 방문. 대한민국 대표 국제 화훼 박람회로 성장함.	한산대첩을 승리로 이끈 성웅 이충무공의 구국정신을 기리고, 한산대첩을 기념함.
6·25 피난민의 힘겨운 삶의 터전으로 시작된 역사를 간직한 곳.	유네스코 세계문화유산 '판소리'의 고장이자, 유네스코 음식 창의도시.	단양의 여덟 가지 아름다운 경치. 정도전 등 학자들의 그림에 담김.	바다와 호수를 안고 있는 빼어난 경치. 경포호와 경포습지 등.
조선 시대 제주도에서 유통업을 통해 부를 형성, 전 재산을 부해 제주민들을 살려냈던 여성 기업인.	조선 시대 장군. 임진왜란에서 수군을 이끌고 전투마다 승리를 거두어 왜군을 물리침.	천재 화가이자 문인으로 위대한 학자이자 정치가였던 율곡 이이의 어머니.	동학농민운동 지도자. 부패한 관리를 처단하고 시정개혁을 도모하였으나 체포되어 사형됨.

강원도 영동지역 중앙부에 있는 시. 태백산맥 동쪽 급경사 산간부터 동해안까지 이름.	대한민국 제2의 도시이며 한반도 남동단에 있는 광역시. 제1의 무역항.	전라남도 동남쪽에 있는 시. 전체 면적의 약 70%가 산지임.	전라남도 중앙에서 북쪽으로 치우쳐 있는 광역시. 찬란한 햇빛으로 표현되는 번영의 고장.
빙판 위에서 즐기는 산천어 얼음낚시, 눈썰매와 봅슬레이 등 각양각색의 체험과 볼거리로 유명한 축제	유네스코 생물권 보전 핵심지역이며 람사르습지로 지정된 갯벌에서 열리는 체험 축제.	대한민국 출판문화를 선도하는 파주출판도시의 사람과 책, 문화가 한데 어우러진 축제.	임진왜란의 진주성 전투에서 기원한 유등놀이를 특징화해 만든 축제
정약용이 성곽을 설계하고 거중기를 고안한 곳. 정조의 꿈의 도시. 유네스코 세계문화유산.	약 5,000년 전 바다에서 일어난 화산활동으로 생겨난 곳. 거대한 성처럼 생겼다 함. 유네스코 세계 자연유산.	신라 법흥왕이 나라의 안정과 백성의 평안을 위하여 세운 유네스코 세계문화유산.	편안한 동녘마을이란 뜻. 유교 문화가 뿌리 깊은 곳. 하회탈, 별신굿탈 놀이 등으로 유명함.
일제강점기 독립 운동가로 아우내 장터에서 군중에게 태극기를 나눠주는 등 만세시위를 주도하다가 체포됨.	실학사상을 집대성한 한국 최고의 실학자. 개혁과 개방을 통해 부국강병을 주장함. 목민심서 지필.	인재를 고르게 등용하여 이상적 유교 정치를 실현함. 이 시기에 훈민정음, 측우기 등이 제작됨.	조선 중기의 무신. 임진왜란 때 진주성 전투에서 3,800명의 병력으로 2만여 명의 왜적을 격퇴함.

해피코인이 제일 적은 플레이어와 해피코인 바꾸기	해피코인이 제일 많은 플레이어와 해피코인 바꾸기
모든 플레이어에게 해피코인 1개씩 나누어 주기	주고 싶은 플레이어에게 해피코인 3개 주기
모든 플레이어의 말을 내 위치로 모으기	모든 플레이어의 말을 처음 위치로 모으기
내 말을 UP 위치로 이동하기 (UP 위치는 모두 4곳임)	안됐군요! 한 번 쉬세요~

활동자료 ④ 문화카드 뒷면에 쓸 답: A4 크기로 1모둠에 1장 출력

춘천	대구	전주	대전	강릉	부산	순천	광주
함평 나비 축제	태안 세계 튤립 축제	고양 국제 꽃 박람회	통영 한산 대첩 축제	얼음 나라 화천 산천어 축제	고창 갯벌 축제	파주 북소리	진주 남강 유등 축제
감천 문화 마을	전주 한옥 마을	단양 팔경	강릉 경포대	수원 화성	성산 일출봉	불국사	안동 하회 마을
김만덕	이순신	신사임당	전봉준	유관순	정약용	세종대왕	김시민

활동자료 ⑤ 문화카드 ('우리 지역 문화카드'를 만들 때 자유롭게 사용)

활동자료 ⑥ 해피코인: A4 크기로 1모둠에 10장 출력

❖ 학습도움말

존 켈러(John Keller)의 ARCS 이론은 아이들의 수업 동기를 유발하기 위해선 주의집중(Attention), 관련성(Relevance), 자신감(Confidence), 만족감(Satisfaction)의 상호작용이 중요하다고 보았다. 필자도 학습 동기의 주요한 요소는 호기심, 주위 환기라고 생각한다. 아무리 좋은 학습도 학생이 주의를 기울이지 않으면 무용지물이다. 그런 의미에서 전국문화투어 보드게임은 우리나라를 전체적으로 훑어보며 타 지역의 문화와 축제를 주목하고 우리의 것을 찾아보도록 하는 데 충분한 동기부여가 되었다. 타 지역 축제를 찾아보면 거창하거나 대단하지 않은 것인데도 거기에 스토리를 만들고, 이를 널리 홍보하는 과정을 알게 된다. 우리 지역도 이런 과정을 거친다면 이름 있는 축제를 만들 수 있겠다는 자신감으로 이어질 수 있다.

축제에 관한 일화로 소개한 함평 나비 축제가 아이들에게 인기였다. 함평은 돈도 없고, 사람도 없고, 이렇다 할 특산물도 없는 전라남도의 시골 마을이었다. 그런 함평이 1999년 첫 축제 이후 관람객 1,500만 명을 유치했고 2,000억 원의 경제 효과를 냈다. 국내외 450종 7,000여 마리의 나비 곤충 표본들과 세계적으로 유명한 39종의 나비 33만 마리가 펼치는 군무를 감상하기 위해 사람들이 몰려들었기 때문이다. 프란티섹 세날(Frantisek Sehnal) 전 국제곤충학회 회장은 함평 나비 축제에 대해 "세계 어느 곳과도 비교할 수 없는 곤충 전시행사"라고 칭찬을 아끼지 않았다. 공무원과 군민이 똘똘 뭉쳐서 만들어낸 기적과 같은 축제였다.

아이들이 교과 단원을 마치고 시간 때우기로 하는 과제가 아닌, 진정으로 우리 동네를 조사하고 알아가는 과정에서 애착이 생기게 되는 게임이라고 할 수 있다. 새롭고 창의적인 아이디어가 나오도록 이끄는 교육 방법에 대한 고민은 여전히 진행형이다.

❖ **학습정리**

우리 지역 문화카드 만들기(빈 카드 별도 첨부)

파랑: 지리적 특징 및 지역 이름

노랑: 지역 문화행사

초록: 문화역사

빨강: 지역 관련 인물 및 특산물

우리 동네 문화행사 기획하기

전국투어문화 게임의 노란색 문화카드는 각 지역의 문화행사나 축제를 소개한 것이다. 우리 동네에 상징적인 문화행사가 없다면 모둠원과 같이 기획해 보자.

행사 기획
· 행사 이름 :   · 행사 기간 :   · 행사 내용 :   · 행사 참여 대상자 :   · 행사 홍보 계획 :

❖ 평가

게임 후 셀프 체크리스트 (1:부족함, 2:보통, 3:잘함)

평가 내용	1	2	3
1. 전국의 주요 지리적 위치를 잘 알았는가?			
2. 각 지역의 문화행사와 역사 유적지, 지역 인물과 특산물에 대해 잘 알았는가?			
3. 우리 지역의 특징을 문화카드로 제작할 수 있었는가?			
4. 적극적으로 참여했는가?			
5. 예의를 갖추어 게임을 했는가? (대화, 게임 순서 지키기 등)			
게임 후 소감(어려운 점, 즐거운 점, 깨달은 점)			

루브릭 평가

평가 요소	세부 내용	1	2	3
지식 및 이해력	전국의 지리적 특징과 역사 문화 유적지, 특산물 등에 대하여 알게 되었다.			
의사소통 능력	모둠원과 의사소통하며 모둠별 활동에 적극적으로 참여했다.			
공동체 능력	모둠원과 함께 우리 지역 문화행사를 기획할 수 있었다.			

게임으로 만나는 10년 뒤 나의 미래

초등학교부터 고등학교까지 아이들은 다양한 진로 수업을 받는다. 그러나 진로 수업에 대한 기억을 물으면 영상 한 장면, 진로 선생님의 인상적인 이야기 한마디를 떠올리는 것이 대부분이다. 아이들이 능동적으로 참여할 수 있도록 진로 수업을 보드게임과 연결했더니 반응이 좋았다.

4차 산업혁명이라는 말이 끊임없이 들려오지만, 세상의 변화가 그다지 피부로 느껴지지 않는다고 아이들은 말한다. 이제는 4차 산업혁명이라는 말조차 너무 자주 들어서 싫증이 나고 무디어졌다. 좀 더 구체적인 활동으로 학생들이 자신의 꿈을 찾는 데 도움을 주어야 한다. 아이들이 특정한 직업을 목표로 설정하고 성실하게 공부했는데, 미래에 그 분야가 없어지거나 사회적으로 홀대받는 직업군이 된다면 어떻게 될까? 그런 일이 생기지 않도록 급변하는 사회의 변화 흐름을 쫓아서 그 흐름 속에서 같이 흘러가야 한다. 많은 사람이 부러워하고 환호하는 직업들이 있다. 예를 들면 의사, 변호사가 대표적일 것이다. 그러나 미국 대형 로펌에서 로봇 변호사 '로스'를 신입 채용해서 화제가 된 것이 벌써 2016년이다. '로스'는 인공지능 로봇 변호사로 하루 24시간 쉬지 않고 일하며 1초에 10억 장의 문서를 검토한다. 초당 80번 연산하고 책 100만 권 분량의 데이터를 분석한다. 인간이 이런 로봇과의 경쟁에서 살아남을 수는 없다. 현재 인기 있는 직종이 미래에도 인기 있고 유망한 직종일 거라고 생각해선 안 된다는 말이다.

아이들이 로봇이나 누군가와 경쟁하지 않아도 되는 세상에서, 자신의 고유성을 잘 살려서 인간만이 할 수 있는 일을 하며 행복한 삶을 살기를 바란다. 그러나 현실은 시험을 보고 성적순으로 아이들을 평가하고 있으니 안타깝기만 하다. 평가가 필요하기는 하지만 단순한 숫자 나열로 아이들을 판단하는 것이 아니라 좀 더 종합적인 사고 역량에 대한 평가가 필요해 보인다.

최근, 인간이 인공지능 알파고를 이길 수 없다는 좌절과 함께 디스토피아에 대한 염려와 경고의 메시지를 자주 듣는다. 그러나 인간이 맹수를 이기고 만물의 영장으로서 오늘날의 문명을 이루고, 끊임없이 문화생활을 발전시켜 온 것은 분명 남다른 능력이다. 미래에 대한 불안감보다는 좀 더 구체적이고 실제적인 예측과 준비 자세가 필요하다. 필자는 인간이 이룩한 사회를 인간이 잘 조정하고 운영할 수 있다고 믿는다. 그런 믿음으로 미래를 준비하도록 아이들과 함께 즐거운 미래직업 보드게임의 세계로 날아가 보자!

10년 후 나의 미래직업

❖ 학습목표
미디어의 다양한 정보로 미래사회의 변화를 예측하며, 그 사회에서 필요한 인재의 역량과 유망한 직업에 필요한 능력과 조건을 알아보고, 새로운 직업을 재창조한다.

- **지식정보처리 역량**

    시대 변화의 방향과 속도를 알고, 미래사회를 예측할 수 있다.

- **창의적 사고 역량**

    미래사회를 이해하고 그 사회에서 필요로 하는 인재와 직업에 대하여 창의적으로 그려내고, 이야기할 수 있다.

- **자주적 행동 역량**

    나에 대한 이해를 바탕으로 내 삶의 방향과 진로의 방향을 계획 할 수 있다.

❖ 준비물
신직업 관련 미디어 자료, 활동자료, 주사위, 말

❖ 학습절차

도입	모둠 짓기 2인 1팀이 되어 3팀(6인)이 한 모둠이 되게 구성한다.
진행1	미래 유망 직업 관련 신문 자료 및 영상을 보고 이야기를 나눈다. 신직업 카드 뉴스를 돌려 본다. (최근 언론사 및 워크넷 등에서 많은 자료가 업로드 중이다.) 미래 유망 직업에 대해 분석해 본다. (업무 / 능력 / 인성 / 자격)

진행2	게임판은 각 모둠당 1장씩 나누어 준다. 이 게임은 각 직업의 역량을 모아, 새로운 미래직업을 만드는 것이다. 게임을 시작하기 전 각 직업의 네 가지 역량카드를 훑어본다. 규칙대로 보드게임을 시작한다. 각 칸 옆에 그 직업에 해당하는 네 가지 역량카드를 쌓아 둔다. 주사위를 굴려 나온 숫자만큼 앞으로 간다. 도착한 곳의 지시사항을 따른다. 도착한 곳의 직업에 해당하는 네 가지 역량카드 중 1개를 선택해 갖는다. 게임이 끝나면 자신이 가지고 있는 카드를 합하여 미래사회에 있을 새로운 직업을 만들어 발표한다.
마무리	가장 많은 직업을 만들어 낸 모둠과 가장 창의적인 직업을 만들어낸 모둠을 선정하여 전체 앞에서 발표한다.

활동자료 ① 게임 규칙: A4 크기로 1모둠에 1장 출력

미래직업 게임 규칙

❖ **게임 준비**

1. 세팅 모둠에 게임판(1장)과 미래직업 역량카드(80장), 주사위(1개), 말(4개)을 준비한다.

2. 시작 플레이어는 4명이 한 모둠이 되도록 한다. 각 플레이어는 게임판의 네 꼭짓점의 위치에 말을 놓는다.

❖ **게임 진행**

3. 게임
- 순서를 정하고 주사위를 굴려 원하는 방향으로 진행한다.
- 말이 놓인 위치에 해당하는 역량카드 4장 중 1장을 선택한다. 플레이 종료 시간을 정해 놓고 시작한다.
- 업무 / 인성 / 능력 / 자격 4장의 역량카드 중에서 가져올 때는 미래사회에서 그것으로 어떤 새로운 직업을 만들 수 있을지를 생각하여 선택한다.

❖ **게임 승리**

4. 결과 네 가지의 역량을 모아서 그것으로 할 수 있는 미래직업을 만들어 이야기한다. 모둠원에게 인정받는 직업이 가장 많은 모둠이 승리한다.

학생 배부용 게임 규칙

신나는 미디어 교육 보드게임 연구회

보드게임 판 (시계방향, 상단 왼쪽부터):

- 리스크 매니저
- 정밀농업 기술자
- 3D프린팅 운영 전문가
- 이러닝 교육 설계자
- 역량카드 1장 뺏어 오기
- 도시재생 전문가
- 홀로그램 전문가
- 반려동물 행동 상담원
- 모든 플레이어에게 역량카드 뺏어 오기
- 쇼핑호스트
- 저작권 에이전트
- 의약품 인허가 전문가
- 다이어트 프로그래머
- 소셜미디어 전문가
- 변리사
- 정신건강 상담전문가
- 모든 플레이어에게 역량카드 1장씩 나누어 주기
- 교통계획 및 설계사
- 로봇 연구원
- 인공지능 전문가
- 네트워크 프로그래머
- 조향사
- 바이오 에너지 개발자
- 역량카드 1장 내놓기

중앙: 활동자료 ② 게임판: A3 크기로 1모둠에 1장씩 출력

활동자료 ③ 미래직업 역량카드: A4 크기로 1모둠에 1장 출력

교통계획 및 설계사 (업무)
도로망이나 교통시설물 계획 설계. 교통의 양, 속도, 신호의 효율성, 기타 교통 상태 관련 요인 연구

교통계획 및 설계사 (능력)
글쓰기 / 기술 설계 / 수리력 / 전산 / 기술 분석

교통계획 및 설계사 (인성)
끈기 / 인내 / 성실

교통계획 및 설계사 (자격)
교통기술사 산업기사 자격

로봇 연구원 (업무)
산업용·의료용·해저자원개발용 로봇 개발, 실생활에 이용할 수 있는 로봇 연구

로봇 연구원 (능력)
기술 설계 / 기술 분석 / 수리력 / 전산 / 글쓰기 / 자동제어, 전자회로, 로봇설계에 대한 지식

로봇 연구원 (인성)
인내 / 성실 / 새로운 기술 습득 / 자기계발

로봇 연구원 (자격)
기계공학 기술

조향사 (업무)
향으로 이미지를 표현할 수 있도록 각종 향수, 방향제, 화장품, 샴푸, 치약, 음료, 과자의 향 만들기

조향사 (능력)
창의력 / 품질관리 분석 / 논리적 분석 / 전산

조향사 (인성)
창의성 / 공감 / 민감성 / 인간에 대한 이해

조향사 (자격)
예민한 후각 / 민감성

바이오 에너지 개발자 (업무)
콩, 유채꽃, 동식물의 분뇨, 폐기물, 해양조류 등에서 에너지를 추출하고 실제로 활용할 수 있는 연구 및 개발 업무 수행

바이오 에너지 개발자 (능력)
기술 분석 / 선택적 집중력 / 논리적 분석 / 추리력 / 기억력

바이오 에너지 개발자 (인성)
주변에 대한 관심 / 사명감 / 휴머니즘 / 창의력

바이오 에너지 개발자 (자격)
생명과학, 환경학 지식

이러닝교육 설계자 (업무)
이러닝(웹 기반의 학습) 제작 과정에서 교육과정 기획과 운영체제 설계

이러닝교육 설계자 (능력)
시간 관리 / 기억력 / 가르치기 / 학습 전략 / 글쓰기

이러닝교육 설계자 (인성)
차분함 / 꼼꼼함 / 교육에 대한 관심 / 트렌드 읽기

이러닝교육 설계자 (자격)
교육공학 지식 / 미래사회 설계 가능자

리스크 매니저 (업무)
국내 주식, 채권, 자금, 외환시장 등의 시장 위험을 인식하여 분석하고 통제함

리스크 매니저 (능력)
수리력 / 모니터링 / 판단력과 의사결정력 / 추리력 / 범주화

리스크 매니저 (인성)
투명성 / 청렴함 / 꼼꼼함 / 치밀함

리스크 매니저 (자격)
경제학, 경영학, 수학, 통계학, 금융보험학 지식

변리사 (업무)
새로운 기술, 발명, 디자인, 상표 등의 권리 취득을 위한 상담 및 지원. 특허의 취득 및 권리 보호를 위한 업무 대행.

변리사 (능력)
글쓰기 / 논리적 분석 / 읽고 이해하기 / 듣고 이해하기 / 기술 분석

변리사 (인성)
다양한 분야에 대한 관심 / 특허 대상 분야에 대한 연구 / 끈기 / 타인 이해 / 상황 이해

변리사 (자격)
법학, 기계공학, 전기공학, 전자공학, 정보통신공학, 전자통신공학, 생물학, 화학, 물리학 지식

저작권 에이전트 (업무)
국가와 국가 사이에서 출판물 저작권 거래가 이루어지도록 하는 중개 업무

저작권 에이전트 (능력)
글쓰기 / 읽고 이해하기 / 듣고 이해하기 / 말하기 / 논리적 분석

저작권 에이전트 (인성)
인간에 대한 이해 / 예술과 문학에 대한 이해 / 안목 / 타문화 이해

저작권 에이전트 (자격)
경영학, 문학, 예술, 외국어에 대한 지식

쇼핑 호스트 (업무)
홈쇼핑 채널에서 각종 상품에 대한 정보 제공 및 소비자의 상품 구매를 유도하는 일

쇼핑 호스트 (능력)
정확한 언어 구사력 / 관심 집중시키는 화술 / 다양한 상식 / 소비심리 이해 능력 / 순간적 위기대처 능력

쇼핑 호스트 (인성)
인간 심리 이해 / 공감 / 물건을 보는 안목 / 침착함

쇼핑 호스트 (자격)
방송 경험 / 화술 / 다양한 상식과 지식

반려동물 행동 상담원 (업무)
반려동물의 문제행동을 교정하는 일

반려동물 행동 상담원 (능력)
관찰력 / 동물교감 능력 / 의사소통 능력 / 설득 능력

반려동물 행동 상담원 (인성)
동물 이해 능력 / 가정환경 파악 능력 / 주변에 대한 관심과 애정

반려동물 행동 상담원 (자격)
애견훈련사, 반려동물 행동교정사 자격 / 동물 심리 상담 지식

홀로그램 전문가 (업무)
실재하지 않는 대상을 3D 형상으로 눈앞에 구현해 내는 전문가

홀로그램 전문가 (능력)
영상디자인 능력 / 시스템 구축 엔지니어 / 증강현실, 가상현실 전문 능력

홀로그램 전문가 (인성)
인간에 대한 이해 / 타인 존중 / 관찰력 / 협업력

홀로그램 전문가 (자격)
영상기술 제작 기술 / 그래픽 전문 지식 / 컴퓨터 전문 지식 / 전자공학, 물리학, 시각디자인학 지식

도시재생 전문가 (업무)
도시의 정체성과 문화, 기존 거주자의 특성을 바탕으로 새로운 도시 공간을 창조하고 기획하는 일

도시재생 전문가 (능력)
갈등 해결 능력 / 콘텐츠개발 능력 / 사고 능력 / 공간지각력 / 사물의 특성을 범주화하는 능력

도시재생 전문가 (인성)
협동성 / 사회성 / 공감 / 인간에 대한 이해 / 문화이해 감성

도시재생 전문가 (자격)
자연 인문환경에 대한 지식 / 도시계획학, 조경학, 건축학, 마케팅 등의 지식

정밀농업 기술자 (업무)
농산물을 생산하고 관리하는 일에 드론을 비롯해 최신 과학기술을 접목해서 농업을 연구하고 연구된 기술을 개발 보급 적용하는 일

정밀농업 기술자 (능력)
갈등 해결 능력 / 콘텐츠개발 능력 / 사고 능력 / 공간지각력 / 사물의 특성을 범주화하는 능력

정밀농업 기술자 (인성)
농업에 대한 열정 / 인내 / 끈기 / 새로운 것에 대한 관심

정밀농업 기술자 (자격)
바이오시스템공학, 생물산업기계공학, 농학, 농업토목학, 농업생물학, 식물자원학, 생명자원학 지식

3D프린팅 운영 전문가 (업무)
고객의 요구에 따라 3D프린터를 활용하여 출력 대행 및 시제품 제작

3D프린팅 운영 전문가 (능력)
미술, 산업 디자인 능력 / 컴퓨터 프로그래밍 능력 / 컴퓨터 장비에 대한 능력

3D프린팅 운영 전문가 (인성)
협동성 / 원만한 대인관계

3D프린팅 운영 전문가 (자격)
3D프린터 재료 기술자, 3D프린터 개발자, 3D프린팅 운영자, 3D프린팅 전문강사 지식

인공지능 전문가 (업무)
지능적 컴퓨터 프로그램을 만드는 인공지능 개발 분야의 전문적인 업무(인공지능 : 사람처럼 스스로 사고하고 추론하는 능력을 갖춘 컴퓨터 프로그램)

인공지능 전문가 (능력)
새로운 지식 발견 능력 / 추론 능력 / 시스템 설계 및 프로그램 능력 / 기계와 프로그램 융합능력

인공지능 전문가 (인성)
호기심 / 창의성 / 창조성 / 인간에 대한 이해

인공지능 전문가 (자격)
로봇, 게임, 물체 인식, 전문가시스템 구현 기술, 정보통신공학, 로봇공학, 응용 소프트웨어 지식

의약품 인허가 전문가 (업무)
제약회사, 화장품회사 등 건강과 밀접한 제품을 다루는 회사에서 정부의 관리를 위한 법적·과학적 규제 기준을 파악하고 허가 관련 작업을 진행하는 일

의약품 인허가 전문가 (능력)
약품의 연구·개발, 임상제조 능력 / 외국어 능력

의약품 인허가 전문가 (인성)
통찰력 / 인간 존중 / 꼼꼼함 / 윤리의식

의약품 인허가 전문가 (자격)
약학, 의학, 생물학, 화학, 수의학, 생명과학, 법학, 경영학, 통계학 지식 / 외국어 능력

정신건강 상담전문가 (업무)
행위중독 예방 전문요원, 약물중독 예방 전문요원, 자살 예방 전문요원 등 세 가지 분야에 대한 예방과 상담, 교육 업무

정신건강 상담전문가 (능력)
상담 능력 / 공감 능력 / 사회이해 능력 / 중독 예방 능력 / 자살 예방 능력

정신건강 상담전문가 (인성)
인간에 대한 이해 / 공감 / 감성 / 이해심 / 이타심 / 긍정적 마인드

정신건강 상담전문가 (자격)
정신보건 전문요원 자격, 정신보건 임상심리사, 정신보건 사회복지사, 정신보건 간호사

소셜미디어 전문가 (업무)
트위터, 블로그, 페이스북, 유튜브 등의 인터넷 미디어를 이용하여 마케팅·홍보에 활용해 대중과 소통하는 일

소셜미디어 전문가 (능력)
글쓰기 능력 / 이미지 편집 능력 / 원만한 대인관계 / 소통 능력 / 트렌드 읽기 능력

소셜미디어 전문가 (인성)
윤리의식 / 인간에 대한 이해 / 심리 이해 / 통찰력 / 소통 / 인간 존중 / 꼼꼼함

소셜미디어 전문가 (자격)
미디어, 홍보, 마케팅, 정보통신 관련 지식

네트워크 프로그래머 (업무)
인터넷 사이트에 영향을 미치는 네트워크 성능을 진단, 컨트롤, 측정하여 시스템을 계획 및 설계하는 업무

네트워크 프로그래머 (능력)
설치 / 전산 / 기술 분석 / 기술 설계 / 조작 및 통제

네트워크 프로그래머 (인성)
협업 / 끈기 / 성실

네트워크 프로그래머 (자격)
정보관리기술사, 전자계산조직응용기술자 등

다이어트 프로그래머 (업무)
고객의 체중 감소와 건강 증진을 목적으로 고객의 체형과 체질을 진단하여 프로그램을 개발·관리하는 일

다이어트 프로그래머 (능력)
서비스 지향 / 사람 파악 / 말하기 / 인적자원 관리 / 설득력

다이어트 프로그래머 (인성)
공감 / 인간에 대한 이해 / 원만한 대인관계 / 차분함

다이어트 프로그래머 (자격)
체육학, 건강관리학, 다이어트정보학, 식품영양학, 운동처방학 지식

❖ **학습도움말**

"로봇 공학자가 되고 싶어요!"라고 말하는 아이 중에 실제로 로봇 공학자가 되기 위한 구체적인 과정과 방법을 생각해 본 친구들은 많지 않을 것이다. 이렇게 직업에 대한 아이들의 추상적 개념을 좀 더 구체화하기 위해 개발한 게임이 미래직업 게임이다.

이 게임에서 제시한 직업 중 인공지능 전문가, 소셜미디어 전문가, 도시재생 전문가, 홀로그램 전문가 등은 언론에서 미래의 유망 직업으로 선정한 것들이다. 지금은 소수의 사람만이 종사하고 있는 블루오션 분야이니만큼 해당 직업들에 대해 구체적으로 알아본다면 이런 직업뿐 아니라, 여기에서 파생되는 새로운 직업에 대한 기회도 생각해 볼 수 있을 것이다.

예를 들어 아래와 같은 카드를 가지고 있다면, 이것으로 또 다른 어떤 일을 할 수 있을지에 대하여 모둠원과 의견을 나눌 수 있다.

예전에 도시재생 업무를 담당했던 한 사람이 있다. 끈기 있고 인내심이 강한 성격인 그는 정신건강 상담을 할 수 있는 전문가이면서 소셜미디어 전문자격까지 가지고 있다. 이 조건이면 도시의 아파트 단지나 마을 단위의 '건강 마을 프로젝트 전문가'가 될 수 있지 않을까?

또한, 최근 우리나라에도 '휘게 라이프(Hygge Life)'라고 하여 정서적 안정감을 주는 생활방식이 소개된 바 있다. 쉽게 말해 가족, 친구들과 함께 소박한 삶을 즐기라는 것이다. 이런 휘게 라이프의 삶을 살 수 있도록 도와주는 상담 전문가가 될 수도 있을 것이다.

이처럼 새롭고 창의적인 아이디어로 많은 미래직업이 만들어지기를 기대한다.

❖ **학습정리**

게임에서 우리가 만들어낸 미래직업 소개하기

10년 후 나의 모습 상상하기

· 어디에 있는가?

· 어떤 일을 하며 어떤 표정, 어떤 기분일까?

· 미래에 내가 하고 싶은 일, 잘 할 수 있는 일에 대하여 써 보자.

❖ 평가

게임 후 셀프 체크리스트 (1:부족함, 2:보통, 3:잘함)

평가 내용	1	2	3
1. 미래사회의 변화에 대해 잘 이해했는가?			
2. 미래의 유망 직업에 대해 알게 되었는가?			
3. 게임판에서 본 직업들에 대해 이해했는가?			
4. 내가 가진 역량카드로 미래의 직업을 새로 창조했는가?			
5. 예의를 갖추어 게임을 했는가? (대화, 게임 순서 지키기 등)			

게임 후 소감(어려운 점, 즐거운 점, 깨달은 점)

루브릭 평가

평가 요소	세부 내용	1	2	3
지식 및 이해력	변화의 속도와 변화하는 미래에 대해 알 수 있었다.			
창의적 사고력	미래사회에 필요한 직업을 예측하여 만들 수 있었다.			
자주적 행동 능력	나에 대한 이해를 바탕으로 미래에 내가 하고 싶은 일, 잘 할 수 있는 일을 찾을 수 있었다.			

4차 산업혁명 시대 인생진로 게임

❖ 학습목표
4차 산업혁명이란 말이 널리 회자하면서 그에 따라 나오는 말들이 가상화폐, 증강현실, 가상현실, 드론, 사물인터넷 등이다. 이런 새로운 분야들에 대한 관심을 가지고 미래사회의 변화에 대하여 예측해 본다.

- **지식정보처리 역량**

    4차 산업혁명과 관련한 분야에 대해 알 수 있다.

- **창의적 사고 역량**

    게임을 통해 다양한 직업군을 알게 되고, 뉴스가 개인에게 미치는 영향을 이해하고 미래사회를 그려 볼 수 있다.

- **자주적 행동 역량**

    현재의 변화로 가까운 미래와 먼 미래를 그려 보며, 미래사회에서 유망한 분야의 회사 설립을 통해 인재의 조건을 분석할 수 있다.

❖ 준비물
4차 산업혁명 관련 미디어 자료, 활동자료, 주사위, 말

❖ 학습절차

도입	모둠 짓기 2인 1팀이 되어 3팀(6인)이 한 모둠이 되게 구성한다.
진행1	4차 산업혁명에 대한 신문 자료 및 영상을 보고 이야기를 나눈다. 아래 예와 같이 4차 산업과 관련된 내용을 정리하고 모둠별로 조사하여

	카드 뉴스로 만들어 다른 모둠과 돌려 본다. 예) 증강현실 / 가상현실 / 사물인터넷 / 드론 / 인공지능 로봇 / 가상화폐 / 빅데이터
진행2	게임 시작 전에 게임 카드를 색깔별로 구분하여 놓고 그 내용을 훑어보도록 한다. 실제로 뉴스카드와 투자카드는 2018년을 기점으로 언론사 방송 뉴스를 바탕으로 만들었다. 게임판은 각 모둠당 1장씩 A3 크기로 확대 복사하여 나누어 준다. 뉴스카드, 직업카드, 투자카드, 이메일카드를 각각 뒤집어 쌓아 놓는다. 이 게임에서는 가상화폐 해피코인을 주고받는다. 가상화폐는 공금으로 은행에 모두 보관되어 있어서 은행에서 지급하는 형식이다. 주사위를 굴려 나온 숫자만큼 앞으로 간다. 도착한 곳의 카드를 뒤집어 읽고 그에 따라 해피코인을 받거나 내놓는다. 직업카드가 나오면 헤드헌터의 색깔에 따라 해당 카드를 한 번 더 뒤집을 수 있다.
마무리	게임을 마친 후 다양한 사회 뉴스와 투자 뉴스, 직업카드 중 기억에 남는 것을 이야기한다. 게임 진행에서 챌린지밸리로 들어가면 많은 해피코인을 받을 수 있다. 챌린지밸리에 모여 있는 사업들에 대해 알아보고, 그런 분야가 나에게 어떤 영향을 미칠지 이야기해 보도록 한다.

활동자료 ① 게임 규칙: A3 크기로 1모둠에 1장 출력

인생진로 게임 규칙

❖ 게임 준비

1. 세팅   게임판을 가운데 펼치고, 직업카드(주황색), 뉴스카드(빨간색), 투자카드(연두색), 이메일카드(하늘색)를 뒤집어 놓는다.

2. 시작   순서와 말을 정하고 주사위를 굴린다.

❖ 게임 진행

3. 게임
- 주사위 숫자만큼 이동하여 해당 칸에서 지시한 대로 한다.
- 도착한 칸에 해당하는 카드를 뒤집어 읽고 주어진 해피코인을 지급 받거나 내놓는다.
- 직업카드가 나오면 헤드헌터의 색깔에 따라 해당 카드를 한 번 더 뒤집을 수 있다.

❖ 게임 승리

4. 결과   시간을 정해 놓고 게임을 진행한다.
종료 시간에 가장 많은 해피코인을 가지고 있으면 승리한다.

학생 배부용 게임 규칙

활동자료 ② 게임판: A3 크기로 1모둠에 1장 출력

게임판 구성

상단 행 (좌→우):
- 뉴스카드
- 해피코인 액수 가장 큰 카드 주기
- 연대보증손실 -1000해피
- 직업카드
- 이메일 카드
- 실업 -900해피
- 뉴스카드
- 투자카드
- lot 기술투자수익 +300해피
- 직업카드

우측 열 (위→아래):
- 이메일 카드
- 뉴스카드
- 모든 플레이어에게 1000해피씩 받기
- 투자카드
- 유튜브 10만건 조회수익 +200해피
- 대박 / 드론개발 성공 +500해피
- 이메일 카드
- 교통신호 위반벌금 -100해피
- 뉴스카드
- 모든 플레이어 여기로 모이기
- 1등 플레이어와 해피 교환
- 도착!

중앙 영역 - 챌린지밸리:
- 신나는 미디어 교과 보드게임 연구회
- 인공지능 로봇 선물 받음 +400해피
- 보너스 +100해피
- 가상현실 산업투자수익 +150해피
- 해외여행 당첨 +200해피
- 가상화폐 해피코인 상승 +2000해피
- 파산 모든 해피 내놓기
- 증강현실 산업투자수익 +100해피
- 빅데이터 산업투자수익 +200해피
- 창업수익 +300해피

가상화폐 - 해피코인

하단/좌측 (아래→위):
- 출발~ 월급 +300해피
- 뉴스카드
- 직업카드
- 이메일 카드
- 투자카드
- 뉴스카드
- 자동차 고장 -50해피
- 직업카드
- 이메일 카드
- 뉴스카드
- 모든 플레이어에게 해피 전부 받기
- 승진보너스 +100해피
- 직업카드
- 투자카드
- 뉴스카드
- 이메일 카드
- 한 번 쉬기
- 뉴스카드
- 직업카드
- 이메일 카드
- 보이스피싱사기 -500해피
- 투자카드
- 가상화폐 해피코인 대박 +800해피
- 뉴스카드

코인: HAPPY COIN 50000 / 10000 (HAPPY LITERACY)

활동자료 ③ 직업카드: A4 크기로 1모둠에 1장 출력

활동자료 ④ 뉴스카드: A4 크기로 1모둠에 1장 출력

2015년 개정 교육과정 시작 문·이과 구분 없이 기초 소양과 학력 다짐 **+500 해피코인**	토의·토론, 프로젝트, 탐구활동 등 학생 참여 중심의 다양한 수업 전개 **+500 해피코인**	학교시설 내진설계 기준 강화 및 예산 확대 **+1000 해피코인**	포항 지진으로 우리나라도 지진안전국이 아님이 현실로 드러남 **−500 해피코인**
전기자동차 개별소비세 감면 300만 원으로 확대 **+500 해피코인**	인권위가 학교에서 휴대전화 걷는 것은 기본권침해 라고 밝혔다 **모둠원이 논의하여 해피코인 가격 결정**	신입사원 선발 시 학력, 출신지, 신체조건을 보지 않는 블라인드 채용 실시 **+500 해피코인**	공중화장실 휴지통 없애고 남자 화장실 소변기 가림막 설치 **+500 해피코인**
연 소득 5억 넘어가는 퍼리치들 세금 높게 책정하여 서민복지 지원 **+500 해피코인**	자유학기제 시행에 대한 체계적인 교육계획 수립 예정 **+500 해피코인**	전통시장과 대중교통의 신용카드 소득공제율이 40%로 높아짐 **+500 해피코인**	희소난치성 질환, 중증질환 의료비 한도 없이 세액공제 적용 **+1000 해피코인**
전기자동차 개별소비세 감면 300만 원으로 확대 **+500 해피코인**	상벌점제 폐지로 교칙 어긴 학생들 교육에 교사들 어려움 겪어 **−500 해피코인**	학교의 상벌점제 폐지로 학생의 인권 보호 확대 **+500 해피코인**	공중화장실 휴지통 없애고 남자 화장실 소변기 가림막 설치 **+500 해피코인**

활동자료 ⑤ 투자카드 : A4 크기로 1모둠에 1장 출력

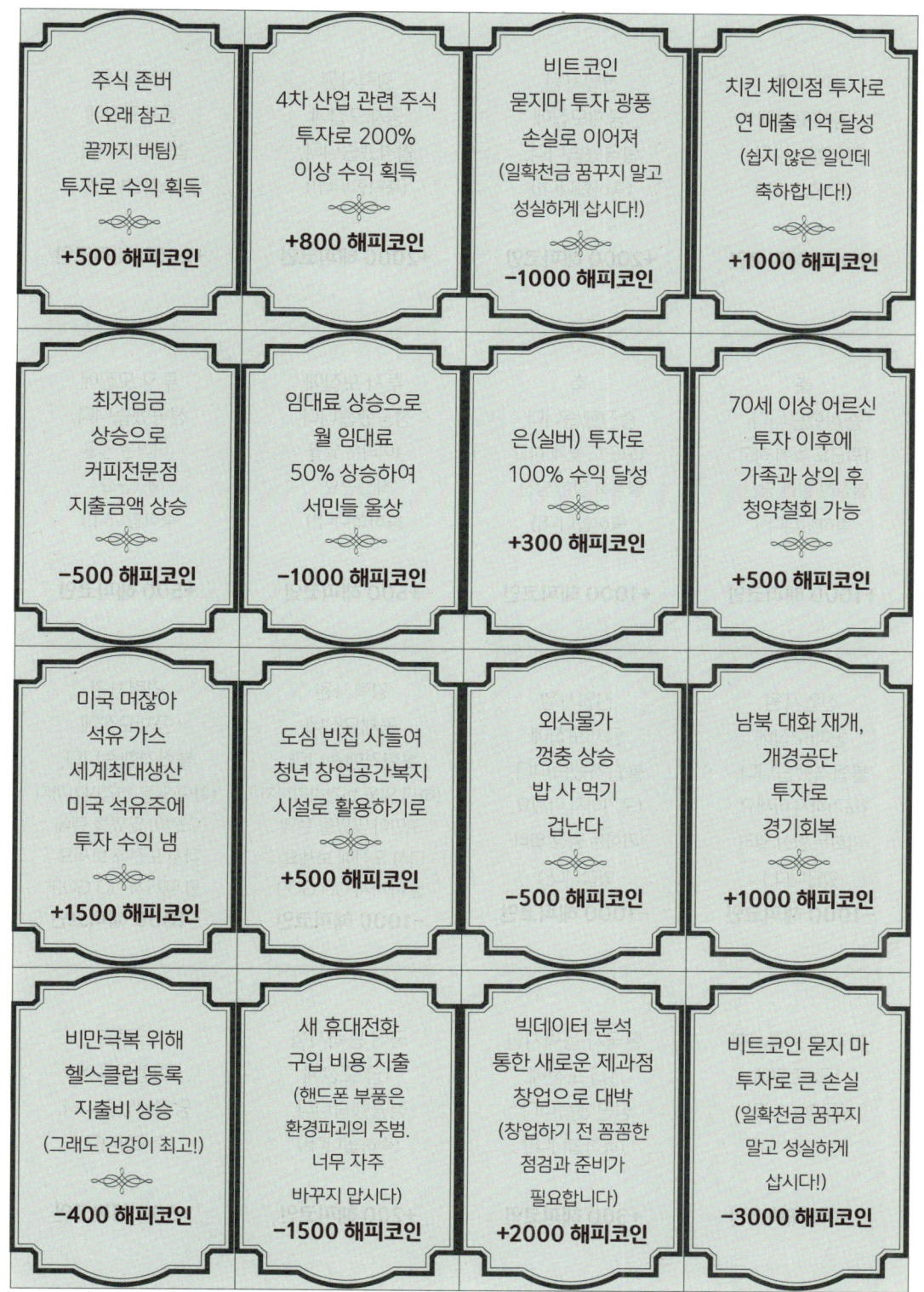

주식 존버 (오래 참고 끝까지 버팀) 투자로 수익 획득 **+500 해피코인**	4차 산업 관련 주식 투자로 200% 이상 수익 획득 **+800 해피코인**	비트코인 묻지마 투자 광풍 손실로 이어져 (일확천금 꿈꾸지 말고 성실하게 삽시다!) **-1000 해피코인**	치킨 체인점 투자로 연 매출 1억 달성 (쉽지 않은 일인데 축하합니다!) **+1000 해피코인**
최저임금 상승으로 커피전문점 지출금액 상승 **-500 해피코인**	임대료 상승으로 월 임대료 50% 상승하여 서민들 울상 **-1000 해피코인**	은(실버) 투자로 100% 수익 달성 **+300 해피코인**	70세 이상 어르신 투자 이후에 가족과 상의 후 청약철회 가능 **+500 해피코인**
미국 머잖아 석유 가스 세계최대생산 미국 석유주에 투자 수익 냄 **+1500 해피코인**	도심 빈집 사들여 청년 창업공간복지 시설로 활용하기로 **+500 해피코인**	외식물가 껑충 상승 밥 사 먹기 겁난다 **-500 해피코인**	남북 대화 재개, 개경공단 투자로 경기회복 **+1000 해피코인**
비만극복 위해 헬스클럽 등록 지출비 상승 (그래도 건강이 최고!) **-400 해피코인**	새 휴대전화 구입 비용 지출 (핸드폰 부품은 환경파괴의 주범. 너무 자주 바꾸지 맙시다) **-1500 해피코인**	빅데이터 분석 통한 새로운 제과점 창업으로 대박 (창업하기 전 꼼꼼한 점검과 준비가 필요합니다) **+2000 해피코인**	비트코인 묻지 마 투자로 큰 손실 (일확천금 꿈꾸지 말고 성실하게 삽시다!) **-3000 해피코인**

활동자료 ⑥ 이메일카드: A4 크기로 1모둠에 1장 출력

신입사원 공채모집에 합격했습니다. (축하합니다!) **+2000 해피코인**	신입사원 공채모집에 합격했습니다. (축하합니다!) **+2000 해피코인**	경력사원 공채모집에 합격했습니다. (축하합니다!) **+2000 해피코인**	경력사원 공채모집에 합격했습니다. (축하합니다!) **+2000 해피코인**
축 승진했습니다. (퇴근도 늦게 하고 열심히 일한 당신, 축하합니다!) **+1000 해피코인**	축 승진했습니다. (퇴근도 늦게 하고 열심히 일한 당신, 축하합니다!) **+1000 해피코인**	투자 모집에 성공했습니다. (어려운 일을 해냈군요. 축하합니다!) **+500 해피코인**	투자 모집에 성공했습니다. (어려운 일을 해냈군요. 축하합니다!) **+500 해피코인**
신입사원 공채모집에 불합격했습니다. (포기하지 마세요. 기회는 항상 열려 있답니다.) **−1000 해피코인**	신입사원 공채모집에 불합격했습니다. (포기하지 마세요. 기회는 항상 열려 있답니다.) **−1000 해피코인**	경력사원 공채모집에 불합격했습니다. (하던 일을 변경하기까지 고민이 많았을 텐데 다시 도전해 보세요. 될 때까지 GO GO!) **−1000 해피코인**	경력사원 공채모집에 불합격했습니다. (하던 일을 변경하기까지 고민이 많았을 텐데 다시 도전해 보세요. 될 때까지 GO GO!) **−1000 해피코인**
한국사 능력시험 1급 도전에 성공했습니다. (축하합니다!) **+300 해피코인**	한국사 능력시험 1급 도전에 성공했습니다. (축하합니다!) **+300 해피코인**	국어 능력시험 1급 도전에 성공했습니다. (축하합니다!) **+200 해피코인**	크루즈 여행상품에 당첨되었습니다. (축하합니다!) **+500 해피코인**

활동자료 ⑦ 해피코인: A4 크기로 1모둠에 10장 출력

❖ 학습도움말

　4차 산업혁명에 관한 〈진행 1〉 수업을 해도 아이들은 가상화폐나 빅데이터 등에 대한 관심이 없거나 이를 기억하지 못하는 경우가 태반이다. 그러나 〈진행 2〉 게임을 하면서 여러 가지 새로운 용어들을 접하고, 말하다 보니 수업이 끝나고 나서도 그게 무엇인지 좀 더 알아보고 싶다는 반응을 보였다.

　직업카드를 보면 헤드헌터의 색깔이 세 가지로 구분되어 있다. 빨간색은 뉴스카드와 같은 색이며, 연두색은 투자카드와 같은 색, 하늘색은 이메일카드와 같은 색이다. 직업카드에 있는 색깔별로 뉴스카드, 투자카드 등을 한 번 더 진행하는 의미는 다양한 직업에 대하여 한 번 더 보도록 하려는 의도이다.

　이 게임에서는 굳이 '스마트팜 구축가'나 '기업 프로파일러'가 어떤 일을 하는 직업인지 설명카드를 넣지 않았다. 이름을 익숙하게 한 후에 이 게임이 끝난 뒤 탐구활동으로 그 직업에 대한 자료 조사나 관련 뉴스를 찾아보게 하면 된다.

　이 활동은 초등 고학년 이상을 대상으로 수업을 진행했을 때 효과적이었다. 보드게임 수업 후에 모둠별로 미래사회 직업의 변화를 예측한 회사를 설립하도록 하는 활동이 진행되었다. 회사 이름과 회사 업무를 소개하고, 그 회사에서 필요한 인재의 조건에 대해 모둠원과 의견을 나누는 과정을 통하여 "미래에는 ~할 것이다. 그러니 이런 인재가 중요하다"라는 말들이 오갔다. 회사를 설립하고 사원모집 광고까지 만들고 나니 미래사회의 모습을 좀 더 구체적으로 이해하게 되고, 자신들이 사원모집을 하려고 하니 회사가 어떤 마음으로 어떤 인재를 뽑고 싶어 하는지를 알게 되었다고 한다.

❖ 학습정리

10년 후 여러분은 몇 살인가요? 그 시기의 사회는 어떤 모습일까요?

미래사회를 상상하며 유망한 회사 설립하기 (모둠 활동)

· 회사 소개 :

· 회사에 필요한 인재는?

· 회사에서 필요한 인재 모집 광고 만들기

❖ 평가

게임 후 셀프 체크리스트 (1:부족함, 2:보통, 3:잘함)

평가 내용	1	2	3
1. 4차 산업혁명에 대해 이해했는가?			
2. 가상화폐, 빅데이터, 인공지능 로봇, VR, AR에 대해 이해했는가?			
3. 뉴스카드나 투자카드의 내용을 이해했는가?			
4. 적극적으로 참여했는가?			
5. 예의를 갖추어 게임을 했는가? (대화, 게임 순서 지키기 등)			
게임 후 소감 (어려운 점, 즐거운 점, 깨달은 점)			

루브릭 평가

평가 요소	세부 내용	1	2	3
지식 및 이해력	4차 산업혁명에 대해 잘 알게 되었다.			
창의적 사고력	4차 산업혁명이 우리에게 어떤 영향을 미칠지 예측할 수 있었다.			
자주적 행동 능력	회사 설립을 통하여 필요한 인재상에 대해 알 수 있었다.			

우리 문학의 아름다움을 게임으로 맛보다

"《우리들의 일그러진 영웅》은 학교폭력과 왕따에 관한 이야기라고?"

성인이 된 주인공 한병태가 어린 시절을 회상하는 이야기, 《우리들의 일그러진 영웅》. 이 소설은 1960년대의 정치적 상황을 배경으로 독재체제의 폐해와 이에 대응하는 국민의 안이한 태도를 학교 교실이라는 특수한 장소로 옮겨와 우의적으로 비판하며 이야기를 끌어간다. 단순히 초등학교 독재자 엄석대의 일그러진 모습을 보여주려 했던 것이 아니며, 뿌린 대로 거두리라는 식의 당연한 결말을 통속으로 보여주려 했던 것도 아니었다.

하지만 이 소설이 교과서 속으로 들어오면서 '《우리들의 일그러진 영웅》 = 학교폭력과 왕따에 관한 이야기'라는 등식이 생겨났다. 그리고 초등학교 이후에는 이 소설을 다시 읽을 필요가 없는, 누구나 다 아는 것 같은 소설이 되어버렸다. 작가 이문열이 이 소설을 통해 이야기하고자 했던 것들은 어디론가 사라져버린 지 오래다. 이러한 양상을 보이는 문학은 《우리들의 일그러진 영웅》뿐만이 아니다. 《난장이가 쏘아올린 작은 공》 역시 마찬가지 처지에 있다. 1970년 등장한 산업화 시대의 그늘에서 신음하는 도시 하층민의 삶을 그린 이 소설은 1990년대 이후 문학 교과서에 실리게 되었다. 그런데 고등학교 문학에서 중학교 국어 속으로 들어오면서 전문이 아닌 일부만이 실리게 되어 이 소설이 말하고자 하는 핵심이 제대로 전달되기 어려워졌던 것이다.

이렇게 교과서 속으로 들어온 문학은 문학으로 받아들여지기보다, 참고서가 정리해 준 것을 외우고 시험을 봐야 하는 공부 거리로 전락하고 말았다. 그래서일까, 아이들은 참고서에 등장하는 문학을 책에 부분적으로 실려 있는 내용만 읽으면서도 이미 다 안다고 생각하고 작품 전체를 찾아 읽을 생각은 하지 않는다.

어떻게 해야 아이들이 문학에 흥미를 가지고 제대로 읽게 할 수 있을까? 또, 읽은 것을 제대로 이해하도록 하려면 어떻게 해야 할까? 그리고 책은 그저 책일 뿐이 아니라, 책 속의 이야기가 결국 우리들의 삶이라는 것을 어떻게 가르쳐 주면 좋을까?

그래서 책을 가지고 보드게임을 개발해야겠다는 생각을 했다. 이름하여 '북 보드게임'이다. 앞서서 동화를 소재로 한 북 보드게임을 살펴보았다. 그것이 북 보드게임의 입문서라면, 문학을 소재로 한 이번 게임은 북 보드게임의 정석이라 할 수 있다. 지금부터 한 권의 책을 읽고 깊게 사고하게 하는 게임과 다양한 문학을 바탕으로 전개되는 게임에 대해 살펴보도록 하자.

이 문학, 저 문학

❖ 학습목표
중학교 국어 교과서에 실린 다양한 문학과 비문학을 게임을 통해서 만나고, 각각의 작품에서 가장 중요한 한 줄을 익힌다.

- **지식정보처리 역량**
  다양한 문학이 있음을 알고, 그것이 어떠한 내용으로 구성되어 있는지 알 수 있다.
- **심미적 감성 역량**
  책 내용에 대한 이해와 문학적 감수성을 바탕으로 삶의 의미와 가치를 발견하고 향유할 수 있다.
- **공동체 역량**
  문학&비문학 게임을 통해 지역, 국가, 세계 공동체의 구성원으로서 가져야 할 가치와 태도를 알고 적극적으로 참여할 수 있다.

❖ 준비물
활동자료, 주사위, 말

❖ 학습절차

도입	모둠 짓기 4~6명이 한 모둠이 되게 구성한다. 한 모둠에서 각자가 개인플레이를 하거나, 2인 1팀이 되어 3팀(6인)이 되도록 구성한다.
진행1	모둠에 Q카드와 짬카드를 나누어 주고, 가위로 자르면서 살펴보도록 한다. 서로 내용을 읽고 어떤 문학&비문학인지 알 수 있는 사전활동을 한다.

	사전활동으로 지도자가 교과서 밖 문학이나 비문학의 제목을 말하고 내용을 아는 학습자가 설명하는 형태, 또는 지도자가 내용을 말하면 학습자가 제목을 맞히는 퀴즈 형태로 추가활동을 한다. 이때 내용을 맞힌 친구가 있다면 특별한 상을 주어도 좋다. 상은 교사의 재량이다.
진행2	문학과 비문학을 바탕으로 만들어진 보드게임을 즐긴다. 게임을 진행하는 방식은 설명서를 참고하면 된다. 선행 플레이어가 자신의 문제를 틀렸다면 다른 플레이어에게 기회가 넘어간다. 이미 카드를 가져간 빈자리에 도착한 경우, 퀴즈 없이 그냥 진행하면 된다.
마무리	게임의 우승자를 가린다. 이 보드게임의 경우 대부분 지문 속에 답이 숨겨져 있기는 하지만, 자신이 어느 정도 알지 못하면 정확한 답을 맞힐 수 없다. 그러므로 읽은 책이 많지 않다면 어려움이 있는 것이다. 그러므로 게임의 재미를 더하기 위해, 또는 교육적인 효과를 더하기 위해, 이러한 게임의 경우 우승자를 확인하여 주는 것이 좋다. 보드게임이 끝나면 게임에 대한 자기 생각을 친구들과 함께 나눈다. 그리고 모둠 가운데에서 '반 친구들과 공유하고 싶은 이야기'와 '기억에 남는 문학&비문학'을 정한다. 모둠별 발표자 한두 명을 모둠에서 자유롭게 선발하여 발표하게 한다. 지도자는 주제와 학습목표가 잘 정리될 수 있도록 마무리 말을 한다.

활동자료 ① 게임 규칙: A4 크기로 1모둠에 1장 출력

문학&비문학 게임 규칙

❖ 게임 준비

1. 세팅 주사위, 말, 게임판, Q카드, 짬카드, 자음·모음카드를 준비한다.
게임판은 활동자료 ⑩과 ⑪을 이어붙여서 만든다.
게임판 위에 번호에 맞게 Q카드를 얹는다.
자음·모음카드, 짬카드를 게임판 주변에 각각 쌓아 놓는다.
플레이어는 각자 자음 5개, 모음 5개의 카드를 위에서 차례로 가져간다.

2. 시작 밖에서 시작하여 1번부터 번호대로 이동한다.
각 칸에서 문학의 제목을 맞히면 카드를 획득한다.
자음·모음, 짬카드는 명령에 따른다.
쌍자음은 색깔 자음카드가 있어야 만들 수 있다.

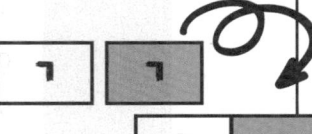

❖ 게임 진행

3. 게임 주사위를 굴려 나온 숫자만큼 앞으로 간다.
각 칸에 도착하면 내용을 소리 내어 읽고 제목을 맞힌다.
(맞히면 카드를 가져간다.)
제목을 못 맞히면 다시 엎어 놓는다. 단, 꼴지 종주팀도 못 맞히면 나머지에게 기회가 돌아간다.
(정답은 게임 정답표를 통해 확인할 수 있다.)

❖ 게임 승리

4. 결과 각각의 점수를 합산하여 가장 높은 점수를 획득한 사람이 이긴다.
도착 점수+맞힌 문학카드 점수+획득한 자음·모음 수

도착 점수	1등 도착	2등 도착	3등 도착	4등 도착	5등 도착	6등 도착
플레이어 6명의 경우	30점	25점	20점	15점	10점	5점
플레이어 5명의 경우	30점	24점	18점	12점	6점	
플레이어 4명의 경우	30점	23점	15점	8점		
플레이어 3명의 경우	30점	20점	10점			

문학 점수는 문학카드의 숫자이다.
획득한 자음과 모음은 각각 1점으로 한다.

활동자료 ② 게임판 1: A3 크기로 1모둠에 1장 출력

46. 강소천의 소설 제목	45. 페터 빅셀의 소설 제목	36. 짬카드 획득 짬카드 위에서 한 장 가져가기	35. 오정희의 소설 제목	26. 주요한의 시 제목
47. 짬카드 획득 짬카드 중간에서 한 장 뽑기	44. 김소월의 시 제목	37. 기형도의 시 제목	34. 김소월의 시 제목	27. 모음카드 획득 위에서 차례로 한 장 가져가기
48. 주요섭의 소설 제목	43. 법정 스님의 수필 제목	38. 허균의 소설 제목	33. 윤동주의 시 제목	28. 김구의 수필 제목
49. 박완서의 수필 제목	42. 짬카드 획득 짬카드 위에서 한 장 가져가기	39. 자음카드 획득 위에서 차례로 한 장 가져가기	32. 곽재구의 수필 제목	29. 생텍쥐페리의 동화 제목
50. 박경화의 논설 제목	41. 현진건의 소설 제목	40. 박완서의 소설 제목	31. 하근찬의 소설 제목	30. 짬카드 획득 짬카드 중간에서 한 장 뽑기

활동자료 ③ 게임판 2 : A3 크기로 1모둠에 1장 출력, 게임판 1과 잇기

21. 박재가의 논설 제목	22. 장영희의 수필 제목	23. 박지원의 소설 제목	24. 짱카드 획득 짱카드 위에서 한 장 가져가기	25. 유리왕의 시 제목
20. 짱카드 획득 짱카드 위에서 한 장 가져가기	19. 황순원의 소설 제목	18. 김유정의 소설 제목	17. 이시영의 시 제목	16. 자음카드 획득 중간에서 보지 않고 한 장 뽑기
11. 이육사의 시 제목	12. 헤르만 헤세의 소설 제목	13. 노천명의 시 제목	14. 정지용의 시 제목	15. 짱카드 획득 짱카드 위에서 한 장 가져가기
10. 김용익 소설 제목	09. 짱카드 획득 짱카드 중간에서 한 장 뽑기	08. 김유정의 소설 제목	07. 박두진의 시 제목	06. 알퐁스 도데의 소설 제목
01. 자음카드 획득 위에서 차례로 한 장 가져가기	02. 모음카드 획득 중간에서 보지 않고 한 장 뽑기	03. 황순원의 소설 제목	04. 짱카드 획득 짱카드 위에서 한 장 가져가기	05. 이병기의 시 제목

신나는 미디어 교육 보드게임 연구회

활동자료 ④ Q카드 앞면 1 : A3 크기로 1모둠에 1장 출력

문학&비문학 50 Q카드	문학&비문학 44 Q카드	문학&비문학 37 Q카드	문학&비문학 31 Q카드	문학&비문학 23 Q카드
문학&비문학 49 Q카드	문학&비문학 43 Q카드	문학&비문학 35 Q카드	문학&비문학 29 Q카드	문학&비문학 22 Q카드
문학&비문학 48 Q카드	문학&비문학 41 Q카드	문학&비문학 34 Q카드	문학&비문학 28 Q카드	문학&비문학 21 Q카드
문학&비문학 46 Q카드	문학&비문학 40 Q카드	문학&비문학 33 Q카드	문학&비문학 26 Q카드	문학&비문학 19 Q카드
문학&비문학 45 Q카드	문학&비문학 38 Q카드	문학&비문학 32 Q카드	문학&비문학 25 Q카드	문학&비문학 18 Q카드

활동자료 ⑤ Q카드 앞면 2: A3 크기로 1모둠에 1장 출력

문학&비문학 17 Q카드	문학&비문학 10 Q카드	문학&비문학 03 Q카드	짬카드	짬카드
문학&비문학 14 Q카드	문학&비문학 08 Q카드	짬카드	짬카드	짬카드
문학&비문학 13 Q카드	문학&비문학 07 Q카드	짬카드	짬카드	짬카드
문학&비문학 12 Q카드	문학&비문학 06 Q카드	짬카드	짬카드	짬카드
문학&비문학 11 Q카드	문학&비문학 05 Q카드	짬카드	짬카드	짬카드

활동자료 ⑥ 짬카드 앞면 3: A3 크기로 1모둠에 1장 출력

(25枚の「짬카드」カード、各カードには「짬카드」と「카드를 가져가서 붙여요」の表記)

활동자료 ⑦ Q카드 뒷면 1: Q카드 앞면1의 뒷면에 양면으로 출력

45. 페터 빅셀의 소설 제목	46. 강소천의 소설 제목	48. 주요섭의 소설 제목	49. 박완서의 수필 제목
평범한 남자가 특별함을 찾기 위해, 침대를 사진으로 부르며 사물에 자신만의 이름을 붙인다. 그러나 점차 사람들과 대화가 되지않는다.	뒷산에 올랐다가 '꿈을 찍는 사진관'이라는 표지판을 보고 길을 나선다. 박사 장수까지 하던 방에서 얼룩한 책을 펴 들고 잠을 잡든다.	주인공은 6살 옥희, 아버지는 일찍 돌아가셨고, 어머니와 함께 산다. 아저씨가 교사로 오게 되고, 옥희 한 꼭지 주차를 보며 포기하지 않고 최선을 다하는 모습에 힘찬 위로를 보낸다.	화자는 마라톤을 매력 없는 스포츠라 생각한다. 그러나 끝까지 달려서 골인 한 꼭지 주차를 보며 포기하지 않고 최선을 다하는 모습에 힘찬 위로를 보낸다.
단편문, 현대소설, 1인칭관찰자시점. 주제: 언어부정, 인간소통의 의사소통 부재	소설, 환상적, 동화적, 서정적, 회상적. 주제: 예정질과 낡어진 순이에 대한 그리움	단편소설, 서정적, 심리적 성격. 주제: 어른들의 낡은 정리 관계 사이의 갈등	논설문, 설득적, 논리적, 시사적 성격. 원자: (그럴기는 핸드폰을 외우한가)

38. 허군의 소설 제목	40. 박완서의 소설 제목	41. 현진건의 소설 제목	43. 법정스님의 수필 제목
서자로 태어나 아버지를 아버지라 부르지 못하던 길동. 활빈당으로 조선 방도 수단까지 통산한 재물을 털어가 가난한 자를 구제하는 이야기.	음용 도매에서 일하던 수난은 바람 에서 자전거가 넘어지면서 비싼 자들을 고, 자전거를 빼앗긴다. 자전거를 들고 도망간 수난은 후회한다.	인역가문의 김첨지. 장사가 안 된 지 대별 동안 도 구경 못 하다가 이상하게 오늘은 돈수 좋은 날을 맞는다. 하지만 그런 아내가 세상을 떠난다.	등을 핫대고 고기의 산꼭지의 맛을 욕심 어우의 식생활이 엄마와 어린이 고 약해있으라기 이야기한다. 채식 중심의 바람직한 생활을 제안한다.
고전소설, 영웅&친절소설, 전지적작가시점. 주제: 서민들의 허중의식과 현실 세계를 비판	단편소설, 현대소설, 서정적, 회상적. 주제: 본의부끄러운 의사소통	사실주의 단편소설, 현대소설, 사설시, 변덕 성격. 주제: 일제 강점기 하층민의 비참한 생활상	중수필, 서정시, 논리적, 노리적, 비판적, 설득적. 주제: 육식에서 벗어나 채식 생활을 하자

32. 로제구의 수필 제목	33. 윤동주의 시 제목	34. 김소월의 시 제목	35. 오정희의 소설 제목
작성된 창문으로 물통등 다리 쪽을 바라보던 나는 또 한 장이 그림에서를 보았다. 그는 잠이란 풋내달 없는 것이란 생각을 한다.	별 하나에 추억과 사랑과 쓸쓸함과 동경과 시아 어머니를 담아서, 별을 해며 시로 노래했다. 별이 현재의 나의 괴로이 나를 보여 준다.	이 시는 사랑하는 사람을 떠나내는 지아 사부지 장가 한, 이름답지 지기하셨어온 마음을 진달라겨에 담아서 셋다.	위층의 소음이 멈추지 않자 이웃으로 울리기 베일 누른다. 한 번이 울리고 나온 사람이 화장에 앞아 있으었다. 나의 무관심은 부끄러워했다.
경수필, 체럼시, 서사시. 주제: 아름다운 과거를 그리워하는 마음가 같이성장	자유시, 서정시, 회상적, 성찰적, 이지적. 주제: 승급점 자기를 건너하는 마음가 의성상	자유시, 서정시, 예상적시, 안요적, 향토적. 주제: 승급점 이별의 정환	단편소설, 사실주의, 비판적 성격. 주제: 이웃에 무관심한 현대 삶의 모습 비판

25. 유리왕의 시(가요) 제목	26. 주요한의 시 제목	28. 김구의 수필 제목	29. 생텍쥐페리의 동화 제목
왕은 본실 송씨가 죽자 화희와 치희를 아내로 맞었다. 어느 날 다툼이 나가 치희가 고향으로 돌아간다. 왕은 피꼬리의 지저귐을 듣고 시를 쓴다.	주요한 친구 김동인이 들려준 4월 초파일 복노을이 상상하다 시로 썼다. 삶과 강함이 점점의 불과 죽음의 물을 대조시켜서 나타냈다.	백범일지를 세 부분으로 나는 것이 마 지막 굼이다. 민족국가, 정치이념, 김 구가 원하는 나라를 주제로 자신의 정 치론 단어 국가의 독립에 대해 썼다.	사막에 불시착한 조종사는 다른 별에서 온 왕자를 만난다. 왕자는 별을 떠나 행했던 중 지구로 와서 뱀, 여우와 친구가 되지만 자신의 별로 돌아간다.
경수필, 실찰적, 그리워지는 마음가 소중함	자유시, 서정시, 예상적시, 김성적, 성장적, 극복 의자. 주제: 아름 옭은 슬픔과 구복 의자	논설문, 설득적, 추장적, 비판적, 의지적. 주제: 나라의 자주독립과 이상적 건국 영창	동화, 우화시, 현실 비판적. 주제: 문질에 매몰된 삶과 현실에 대한 비판

18. 김유정의 소설 제목	19. 황순원의 소설 제목	21. 박지원의 논설 제목	22. 장영희의 수필 제목
농촌을 배경으로 머슴인 주인공 소작인 이들이 나이 어린 사람 이야기. 소설 속 남주인공 중심으로의 나의 관계 좋아거리를 익살적으로 드러낸다.	시골을 배경으로 농촌에서 자란 소년 과 서울에서 온 초시대 손녀의 소통. 순수한 사람 이야기. 소녀기가는 돌을 거꾸어 보기도 것을 앉게도 한다.	1778년 채제공을 따라 청나라에 함께 창나라에 여행갔다 돌아온 뒤, 청나라에서 보고들은 것을 정리한 책이다.	어릴 적 친구들이 다리가 불편한 자 신을 놀이에 끼어 주었다 경험과 개요 장수가 여름 주머 자신에게만 간결 관심 다는 외로이 경철을 들려준다.
단편소설, 농촌소설, 3인칭관찰자시점. 주제: 신불 정은 남녀의 순박한 사랑	현대소설, 단편소설, 서정적, 산상적. 주제: 소년과 소녀의 순수한 사랑	논설문, 현실 비판적, 이란 발전 제시	경수필, 교훈적, 체럼적. 주제: 다른 사람에 대한 배려와 걷의 소중함

50. 박경리의 논설 제목	44. 김소월의 시 제목	37. 기형도의 시 제목	31. 하근찬의 소설 제목
이프리카에서 생산되는 품팀은 전기 에너지를 장 저장하는 특성으로 매력 리의 중요한 소재다. 품팀 수요가 늘 면서 고릴라 서식지가 파괴됐다.	엄마가 누나와 함께 강변에서 살고 싶 은 마음을 시로 노래했다. 살고 싶은 강변의 모습을 생생하게 시로 그려 냈다.	화자는 어릴 적 성장 단을 이고 사장에 간 어머니를 홀로 기다린다. 어머니 가 더러도 발소리가 들리지 않자, 울음 을 터뜨린다.	일제 강점기 정용으로 파움 옮은 아버 지와, 6.25전 다리를 잃은 아들이 2 대에 걸친 수난 이야기. 시련을 그럴 방식으로 풀어 가는 이야기.
논설문, 설득적, 논리적, 시사적 성격. 원자: (그럴기는 핸드폰을 외우한가)	자유시, 서정시, 민요적. 주제: 가난했던 어린 시철의 외로움	자유시, 서정시, 회상적, 설득적, 감각적. 주제: 가난했던 어린 시철의 외로움	단편소설, 전후소설, 전지적작가&3인칭관찰자시점. 주제: 부자에게 닥친 시련과 이를 극복하는 의지

23. 박지원의 소설 제목	22. 장영희의 수필 제목 (계속)		
조선 후기. 돈을 많이 모은 평민인 양 반 신분을 사고 파는 당시 세태를 그 였다. 또 양반의 횡포와 허세에도 식 동자인 소설이다.			
한문소설, 단편소설, 풍자적, 전자소설, 비판적. 주제: 양반 하위의식 풍자, 신분 상승 유구 비판			

활동자료 ⑧ Q카드 뒷면 2: Q카드 앞면2의 뒷면에 양면으로 출력

17. 이시영의 시 제목
사람이 아닌 강물을 의인화하여 쓴 산문시다. 어린 강물이 바다로 흐르는 과정을 통해 성장에 대한 두려움과 기대감을 드러내고 있다.
산문시, 감각적.
주제: 성장에 대한 두려움과 기대감

14. 정지용의 시 제목
가난하지만 평화로웠던 고향의 모습을 회상하며, 고향에 대한 향수를 노래한 작품이다. 후품구는 고향 정경에 대한 작품이 드러나 있다.
자유시, 서정시, 향토적, 회화적, 묘사적.
주제: 고향에 대한 그리움

13. 노천명의 시 제목
사슴을 통해 자신의 운명을 나타냈다. 더 나아가서는 생명을 가진 모든 것들 의미할 수 있다. 모든 존재의 지향상을 상징적으로 보여 준다.
자유시, 서정시, 감상적, 관조적.
주제: 옳아버린 청순한 고향에 대한 향수

12. 헤르만 헤세의 소설 제목
무심한 것, 덧없는 것이 상징인 꽃과 나비에 대하여 깊은 애정을 가졌던 주인공의 여러 가지 체험과 추억, 관찰을 나타냈다.
단편소설, 성장소설, 1인칭주인공시점.
주제: 나비를 훔친 일에 대한 양심의 가책

11. 이육사의 시 제목
광야라는 광막한 공간, 그리고 아득한 시간을 배경으로 강인한 의지와 미래지향적인 역사의식을 상징적으로 표현하고 있다.
자유시, 서정시, 저항적, 미래지향적.
주제: 조국 광복에의 신념과 의지

10. 김유정의 소설 제목
백경 상도는 부산의 시장에서 꽃순을 파는 노인을 발견하고 추억에 잠긴다. 과거 상도는 꽃순에 마음에 들어하는 꽃순이 팔던 신 집 주인의 딸을 좋아했다고 구혼하지만 꽃순이라 거절당한다.
현대소설, 단편소설, 서정적, 비극적, 희상적.
주제: 꽃순에 얻지 못하는 이루지 못한 비극적 사랑

8. 김유정의 소설 제목
나는 점순이와 혼례를 전제로 데릴사위로 들어와 일을 한다. 점순이 키가 자라서 결혼 못 시키는 장인과 새음이 일고, 점순이는 아버지 편을 든다.
단편소설, 농촌소설, 해학적, 토속적.
주제: 마음과 마음 사이의 해학적 갈등과 대립

7. 박두진의 시 제목
해를 소재로 어둠과 밝음을 대립적으로 나타낸 이 시는 어둠의 세계가 가고, 밝고 평화로운 세계가 오기를 바라는 소망이 담겨 있다.
자유시, 서정시, 상징적, 미래지향적.
주제: 화합과 평화의 세계에 대한 소망

6. 앙토스 도데의 소설 제목
목동이 스테파네트 아가씨에게 느끼는 순수한 사람의 감정을 이름답게 이끌어낸 작품이다. 별과 목동과 아가씨를 이야기하는 이야기이다.
단편소설.
주제: 순수한 사람

5. 이병기의 시 제목
노래로 많이 알려진 시조다. 넓은 들에서 자식 못한 희망을 주는 시다. 신이 있는 초사를 달과 별을 통해 어린 심솔을 느낄 수 있다.
현대시조, 연시조, 서정적, 묘사적.
주제: 별이 빛나는 맑은 정서

3. 황순원의 소설 제목
친구였던 성삼이와 덕재가 6.25 전쟁에서 다른 적군으로 재회한다. 포로가 된 덕재를 호송하다 성삼이는, 학이 함께 놀던 추억을 떠올리고 감동한다.
단편소설, 휴머니즘, 심리적 사실주의.
주제: 우정으로 극복한 분단과 전쟁의 아픔

액션 카드 (주사위 관련)

원하는 플레이어에게서 자음카드 1장 가져오기 (원하는 카드 선택 가능)	원하는 플레이어에게서 자음카드 1장 가져오기 (원하는 카드 선택 불가능)
원하는 플레이어에게서 1장 가져오기 (원하는 카드 선택 가능)	주사위를 굴려 나온 숫자만큼 문학 작품 이름 말하기 (성공-자음카드 1장 가져오기) (실패-모음카드 1장 반납)
주사위를 굴려 나온 숫자만큼 문학 작품 이름 말하기 (성공-앞으로 1칸 가기) (실패-뒤로 2칸 가기)	주사위를 굴려 홀수는 1간, 짝수는 2간 (앞으로 가기)
주사위를 두 번 굴려서 큰 수에서 작은 수를 뺀 차만큼 (뒤로 가기)	주사위를 두 번 굴려서 큰 수에서 작은 수를 뺀 차만큼 (앞으로 가기)
원하는 플레이어의 자음카드 1장 가져오기 (원하는 카드 선택 가능)	주사위를 굴려 나온 숫자는 2개, 모음카드 1장 가져오기 (성공-자·모음카드 중 1장 가져감) (실패-자·모음카드 중 1장 반납)
모든 플레이어로부터 자음카드 1장씩 회수 (원하는 카드 선택 가능)	모든 플레이어로부터 모음카드 1장씩 회수 (원하는 카드 선택 가능)
모든 플레이어로부터 자음카드 1장씩 회수 (원하는 카드 선택 불가능)	모든 플레이어로부터 모음카드 1장씩 회수 (원하는 카드 선택 불가능)
	주사위를 한 번 더 굴리고 (나온 수만큼 뒤로 가기)

활동자료 ⑨ 짬카드 뒷면 3: 짬카드 앞면 3의 뒷면에 양면으로 출력

모든 플레이어로부터 자음카드 1장씩 회수 (원하는 카드 선택 불가)	모든 플레이어로부터 모음카드 1장씩 회수 (원하는 카드 선택 가능)	주사위 한 번 더 돌리고 (나온 수만큼 뒤로 가기)	모든 플레이어로부터 모음카드 1장씩 회수 (원하는 카드 선택 가능)	모든 플레이어로부터 자음카드 1장씩 회수 (원하는 카드 선택 불가)
주사위 한 번 더 돌리고 (나온 수만큼 뒤로 가기)	모든 플레이어로부터 자음카드 1장씩 회수 (원하는 카드 선택 가능)	원하는 플레이어에게서 자음카드 1장씩 가져오기 (원하는 카드 선택 가능)	모든 플레이어로부터 자음카드 1장씩 회수 (원하는 카드 선택 가능)	모든 플레이어로부터 자음카드 1장씩 회수 (원하는 카드 선택 불가)
원하는 플레이어에게서 자음카드 1장 가져오기 (원하는 카드 선택 가능)	주사위를 굴려서 나온 숫자만큼 문학 작품 이름 말하기 (성공-자·모카드 중 1장 가져감) (실패-자·모카드 중 1장 반납)	주사위를 굴려서 홀수는 1칸 짝수는 2칸 (앞으로 가기)	주사위를 굴려서 나온 숫자만큼 문학 작품 이름 말하기 (성공-자·모카드 중 1장 가져감) (실패-자·모카드 중 1장 반납)	주사위를 두 번 굴려서 큰 수에서 작은 수를 뺀 차만큼 (앞으로 가기)
주사위를 굴려서 홀수는 1칸 짝수는 2칸 (앞으로 가기)	주사위를 굴려서 나온 숫자만큼 문학 작품 이름 말하기 (성공-앞으로 1칸 가기) (실패-뒤로 2칸 가기)	주사위를 굴려서 나온 숫자만큼 문학 작품 이름 말하기 (성공-자음카드 1장 가져감) (실패-뒤로 2칸 가기)	주사위를 굴려서 나온 숫자만큼 문학 작품 이름 말하기 (성공-앞으로 1칸 가기) (실패-뒤로 2칸 가기)	주사위를 두 번 굴려서 큰 수에서 작은 수를 뺀 차만큼 (뒤로 가기)
주사위를 굴려서 나온 숫자만큼 문학 작품 이름 말하기 (성공-자음카드 1장 가져감) (실패-모음카드 1장 반납)	원하는 플레이어에게서 자음카드 1장 가져오기 (원하는 카드 선택 불가)	원하는 플레이어에게서 자음카드 1장 가져오기 (원하는 카드 선택 가능)	원하는 플레이어에게서 자음카드 1장 가져오기 (원하는 카드 선택 불가)	원하는 플레이어에게서 자음카드 1장 가져오기 (원하는 카드 선택 가능)

활동자료 ⑩ 자음·모음카드: A3 크기로 1모둠에 2장 출력

ㄱ	ㄴ	ㄷ	ㄹ	ㅁ	ㅂ	ㅅ
ㄱ	ㄴ	ㄷ	ㄹ	ㅁ	ㅂ	ㅅ
ㄱ	ㄴ	ㄷ	ㄹ	ㅁ	ㅂ	ㅅ
ㅇ	ㅈ	ㅊ	ㅋ	ㅌ	ㅍ	ㅎ
ㅇ	ㅈ	ㅊ	ㅋ	ㅌ	ㅍ	ㅎ
ㅇ	ㅈ	ㅊ	ㅋ	ㅌ	ㅍ	ㅎ
ㄲ	ㄸ	ㅃ	ㅆ	ㅉ	ㄱ	ㄷ
ㄲ	ㄸ	ㅃ	ㅆ	ㅉ	ㅃ	ㅆ

ㅗ	ㅛ	ㅜ	ㅠ	ㅓ	ㅕ
ㅗ	ㅛ	ㅜ	ㅠ	ㅓ	ㅕ
ㅗ	ㅛ	ㅜ	ㅠ	ㅓ	ㅕ
ㅏ	ㅑ	ㅣ	ㅡ	ㅛ	ㅠ
ㅏ	ㅑ	ㅣ	ㅡ	ㅛ	ㅠ
ㅏ	ㅑ	ㅣ	ㅡ	ㅛ	ㅠ
ㅞ	ㅝ	ㅘ	ㅚ	ㅔ	ㅟ
ㅞ	ㅝ	ㅘ	ㅙ	ㅔ	ㅟ
ㅞ	ㅝ	ㅘ	ㅙ	ㅔ	ㅟ
ㅝ	ㅝ	ㅝ	ㅐ	ㅐ	ㅑ

활동자료 ⑪ 게임 정답표: A4 크기로 1모둠에 2장 출력

01	자음카드 획득 위에서 차례로 한 장 가져가기
02	모음카드 획득 중간에서 보지 않고 한 장 뽑기
03	황순원 소설 제목 **학**
04	쨤카드 획득 쨤카드 바로 사용하기
05	이병기의 시 제목 **별**
06	알퐁스 도데의 소설 제목 **별**
07	박두진의 시 제목 **해**
08	김유정의 소설 제목 **봄봄**
09	쨤카드 획득 쨤카드 바로 사용하기
10	김동인의 소설 제목 **꽃신**
11	이육사의 시 제목 **광야**
12	헤르만 헤세의 소설 제목 **나비**
13	노천명의 시 제목 **사슴**
14	정지용의 시 제목 **향수**
15	쨤카드 획득 쨤카드 바로 사용하기
16	자음카드 획득 중간에서 보지 않고 한 장 뽑기
17	이시영의 시 제목 **성장**
18	김유정의 소설 제목 **동백꽃**
19	황순원의 소설 제목 **소나기**
20	쨤카드 획득 쨤카드 바로 사용하기
21	박지가의 논설 제목 **북학의**
22	장영희의 수필 제목 **괜찮아**
23	박지원의 소설 제목 **양반전**
24	쨤카드 획득 쨤카드 바로 사용하기
25	유리왕의 시 제목 **황조가**
26	주요한의 시 제목 **불노리**
27	모음카드 획득 위에서 차례로 한 장 가져가기
28	김구의 수필 제목 **나의 소원**
29	생텍쥐페리의 동화 제목 **어린 왕자**
30	쨤카드 획득 쨤카드 바로 사용하기
31	하근찬의 소설 제목 **수난이대**
32	국채구의 수필 제목 **그림 엽서**
33	윤동주의 시 제목 **별 헤는 밤**
34	김소월의 시 제목 **진달래꽃**
35	오정희의 소설 제목 **소음공해**
36	쨤카드 획득 쨤카드 바로 사용하기
37	기형도의 시 제목 **엄마 걱정**
38	허균의 소설 제목 **홍길동전**
39	자음카드 획득 위에서 차례로 한 장 가져가기
40	박완서의 소설 제목 **자전거 도둑**
41	현진건의 소설 제목 **운수 좋은 날**
42	쨤카드 획득 쨤카드 바로 사용하기
43	법정 스님의 수필 제목 **먹어서 죽는다**
44	김소월의 시 제목 **엄마야 누나야**
45	페터 빅셀의 소설 제목 **책상은 책상이다**
46	강소천의 소설 제목 **꿈을 찍는 사진관**
47	쨤카드 획득 쨤카드 바로 사용하기
48	주요섭의 소설 제목 **사랑손님과 어머니**
49	박완서의 수필 제목 **꼴찌에게 보내는 갈채**
50	박경화의 논설 제목 **고릴라는 핸드폰을 미워해**

❖ 학습도움말

중학교 국어 교과서에 실린 다양한 문학과 비문학을 우리 학생들은 얼마나 알고 있을까? 글의 내용은 잘 모르더라도, 제목과 글쓴이를 연결할 수 있는 작품은 얼마나 될까? 그리고 작품 속의 한 문장을 듣고 '이것' 하고 맞출 수 있는 문학은 얼마나 될까? 이번 게임은 그러한 바탕에서 출발했다.

문학&비문학 게임은 새 학기를 시작할 때나 교과서를 어느 정도 끝낸 학기 말에 하는 것이 좋다. 제시된 학습 방법은 새 학기를 중심으로 작성되었다. 새 학기에 진행하는 경우 교과서에 어떤 문학이 나오는지 맛보는 형태의 수업이 된다. 먼저 제목이나 짧은 내용을 통해 관심을 가지게 되면, 나중에 교과서에서 만났을 때 더욱 친근하게 다가갈 것이다. 학기말에 진행하는 경우라면 사전학습을 따로 할 필요는 없다. 이미 한 번 배운 문학과 비문학 작품들이므로 복습의 의미를 가지고 진행하면 된다.

문학&비문학 게임의 Q카드는 박지원의 북학의 같은 몇몇 작품을 제외하면 대부분 지문 안에서 답을 찾을 수 있도록 제시하였다. 여기에 제시된 작품들은 중등 국어 교과서 18종 가운데에서 선별한 것들이다. 만약 학교에서 배우지 않는 작품이 있다면 그 자리는 다른 작품으로 대체하여도 좋다. 이런 경우 선생님이 몇 개의 작품만 바꿀 수도 있지만, 모둠의 학습자끼리 학교가 선택한 국어 교과서를 앞에 두고 문학과 비문학을 찾아가면서 게임판을 직접 작성하여도 좋다.

Q카드에는 지문 외에도 문학의 갈래나 성격 등이 제시되어 있다. 앞에서 문학이 외워야 하는 학습으로 인식되는 것이 탐탁지 않다고 하였으나, 학습을 배제할 수 없으므로 함께 읽어 보도록 하자.

❖ 학습정리

이 문학, 저 문학

게임에 등장한 작품 가운데 기억에 남는 세 가지를 기록해 봅시다.

❶

❷

❸

수업에서 가장 기억에 남은 것을 기록해 봅시다.

❖ 평가

게임 후 셀프 체크리스트 (1:부족함, 2:보통, 3:잘함)

평가 내용	1	2	3
1. 게임에 적극적으로 참여했는가?			
2. 게임의 룰을 잘 지켰는가? (게임의 방법적인 규칙)			
3. 예의를 갖추어 게임을 했는가? (대화, 게임 순서 지키기 등)			
4. 질문지의 내용으로 작품 제목을 유추할 수 있었는가?			
5. 게임을 통해 10개 이상의 작품을 알게 되었는가?			
게임 후 소감(어려운 점, 즐거운 점, 깨달은 점)			

루브릭 평가

평가 요소	세부 내용	1	2	3
지식 및 이해력	다양한 작품을 알게 되었다.			
심미적 감성 능력	문화적 감수성을 바탕으로 삶의 의미와 가치를 발견했다.			
공동체 능력	작품을 통해 공동체의 구성원으로서 가져야 할 가치와 태도를 알게 되었다.			

뉴스 리터러시를 보드게임으로 만나다

필자의 강의 중 가장 큰 비중을 차지하는 것이 미디어 리터러시다. 예전에는 NIE라고 해서 신문을 활용한 교육을 이야기했다. 그러나 요즘은 책과 신문을 비롯한 인쇄 매체는 물론이고 영상과 팟캐스트까지 다양한 미디어를 접하고 이해할 수 있는 미디어 리터러시 교육으로 확대되었다. 그 안에 뉴스를 다루는 뉴스 리터러시가 있다.

처음 이론 부분에서도 잠시 언급했지만, 필자의 수업에서 빠질 수 없는 것이 텍스트다. 다른 반들은 만들고 보기만 하면 되는데, 우리는 읽고 생각해야 하는 수업이다. 그래서 아이들은 텍스트가 주어지면 일반적으로 "또 읽어요?" "안 읽으면 안 돼요?"와 같은 반응을 보인다. 그것이 재미있는지, 도움이 되는지, 긴지 짧은지는 상관없다. 그저 읽어야 하는 것이 싫은 것이다. 학습자 한 명이 보인 반응이 반 전체의 분위기가 되어버린다. 실력 있는 아이들이 학습에 뜻을 가지고 하는 수업이라면 이야기가 달라지겠지만 필자가 하는 수업 대부분은 한 반 전체를 대상으로 진행되기 때문에 더욱 그러하다. 그래서 고민한 것이, 어떻게 하면 읽는 것 자체가 재미있는 활동이 되게 할 수 있을까 하는 것이었다.

뉴스는 앞에서 만났던 동화와는 달리 이해하는 데 어려움이 있다. 낯선 용어들도 그렇고, 연계성을 띤 뉴스들 때문에 한 번에 이해하기가 쉽지 않기 때문이다. 미디어

매체는 대부분 중학생 이상이 읽고 이해하는 데 어려움이 없도록 쓴다고 하지만, 성인인 필자 역시 한눈에 들어오지 않거나, 뜻이 쉽게 이해되지 않을 때가 있다. 그러니 학생들은 오죽하랴. 그래서 수업을 위해 뉴스를 제공해야 할 경우에는 짧으면서 유익하고 쉬운 것을 찾는 데 공을 들이는 편이다. 그러나 이 또한 앞으로는 학습자 스스로가 해야 한다는 점에서 지도자가 선별하여 제공하는 형태의 학습 방법을 언제까지나 고수할 수는 없다.

그렇다면 어떻게 해야 읽는다는 것에 대한 거부감 없이, 재미있게 뉴스 관련 수업을 할 수 있을까? 그래서 도입한 것이 바로 뉴스 리터러시 보드게임이다.

뉴스 리터러시 수업을 할 때의 필수 준비물은 신문이다. 각자 하루 치 신문을 가지고, 여러 지면을 살펴 가며 뉴스를 선택하도록 지도한다. 이때 학습자가 신문을 처음 보았다면 신문 읽기의 단계를 함께 학습하는 것도 좋다.

신문 읽기의 단계는 보통 '훑어 읽기-뽑아 읽기-제대로 읽기-비교하며 읽기'의 단계를 거친다. 훑어 읽기는 뉴스의 제목과 사진만 보며 넘기는 방식이다. 이렇게 해서 읽고 싶은 뉴스를 선택했다면 이젠 뽑아 읽기를 한다. 뽑아 읽기는 뉴스의 첫 문단까지 읽어도 좋고, 내용을 이해할 수 있는 정도까지만 읽어도 좋고, 전체를 읽어도 좋다. 그 후 모르는 낱말의 뜻도 알아보고, 이해가 어려운 내용은 주위의 도움을 받는 등, 파악하며 읽는 제대로 읽기를 한다. 마지막으로 다른 신문사는 같은 내용을 어떻게 보도했는지 알아본다. 그것이 비교하며 읽기다. 학습자의 연령에 따라 다르기는 하지만, 뉴스 리터러시 보드게임을 위해서는 대체로 제대로 읽기까지 하는 것이 좋다.

신문을 훑어보면 연예인에 관한 뉴스도 실려 있고, 다양한 스포츠 뉴스도 있으며, 개개인의 취향에 맞는 섹션 지면이 요일마다 다르게 구성되어 독자들을 기다린다. 그 중엔 아이들이 좋아할 만한 재미있는 뉴스도 있다.

방탄소년단 빌보드 톱소셜아티스트상 수상… K팝그룹 최초(매일경제)

이 뉴스를 접한 한 여중학생이 모둠 토의에서 이렇게 말했다.

"방탄 때문에 엑소가 묻혔어. 그러니까 이 뉴스는 내게 좋지 않은 뉴스야. 그러니까 –5를 주겠어."

같은 모둠에 있던 친구들이 한바탕 웃었다. 그런데 그 뒤의 반응에 필자도 웃음이 터졌다.

"맞아, 맞아 마음 같아서는 한 –20쯤 주고 싶지만, 그래도 잘하긴 잘한 거니까, 그 정도면 되겠어."

이렇게 즐거운 뉴스도 있다는 걸 아이들도 알게 되었다. 그렇다면 교육적으로 별 의미 없어 보이는 연예 뉴스만으로 시간을 채우냐? 그건 아니다. 뉴스란 것이 즐겁고 재미있는 일보다 사건 사고가 더 많이 실린다는 것을 생각하면 당연한 일이다. 필자가 가장 좋아하는 수업은 '학습자가 바쁜' 수업이다. 좋게 포장하면 학습자 중심 수업이다. 지금부터 학습자를 바쁘게 만드는 수업을 함께해 보자.

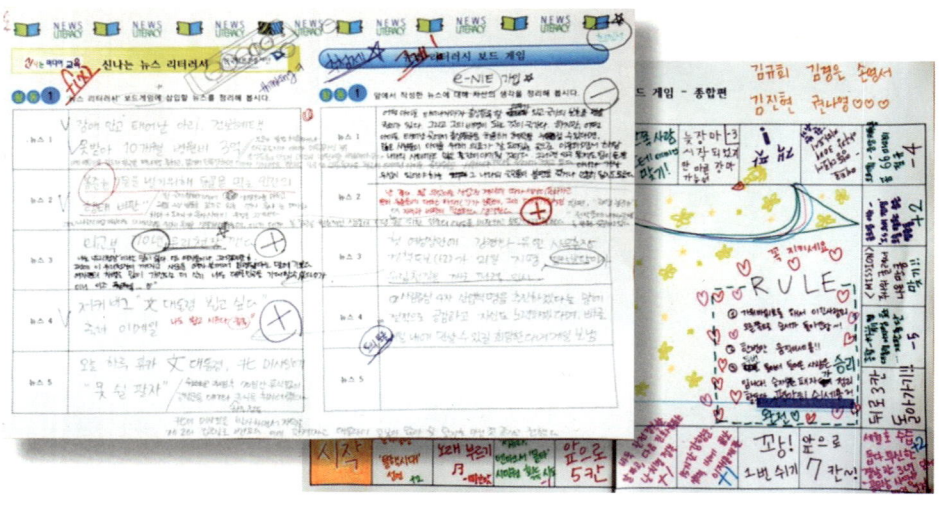

뉴스 리터러시 보드게임 1단계

❖ 학습목표

게임을 통해 뉴스가 전달하는 사실, 주장하는 내용, 품고 있는 진실 등을 알고 그것을 바탕으로 민주사회의 시민 정신을 익힐 수 있다.

- **지식정보처리 역량**

민주사회에 다양한 문제가 발생하고 있음을 알고, 문제를 논리적, 비판적, 시각적으로 분석할 수 있다.

- **심미적 감성 역량**

인간에 대한 공감적 이해와 문화적 감수성을 바탕으로 삶의 의미와 가치를 발견하고 향유할 수 있다.

- **의사소통 역량**

자기 생각과 감정을 효과적으로 표현하고 다른 사람의 의견을 경청할 수 있다.

❖ 준비물

조각뉴스, 활동자료, 주사위, 말

❖ 학습절차

도입	모둠 짓기 4명이 한 모둠이 되게 구성한다.
진행1	16개의 뉴스를 준비하여 1인당 4개의 뉴스를 나누어 준다. 지도자가 나누어 준 뉴스를 각자 읽는다. 중요한 내용에 밑줄을 긋는다. 뉴스 종이에, 뉴스에 대한 자기 생각을 쓴다.

진행2	기록이 끝나면 뉴스에 점수를 부여한다. (-5점부터 +5점까지) 각자 정리한 내용을 모둠원에게 들려준다. 발표 방식은 다음과 같다. 발표자 1 - 첫 번째 뉴스 읽고, 그렇게 생각한 이유+점수를 말한다. 모둠원이 동의하면 넘어가고, 이의를 제기하면 짧게 토론하며 생각을 교환한다. 발표자 2 - 첫 번째 뉴스 읽고, 그렇게 생각한 이유+점수를 말한다. 발표자 3 - 첫 번째 뉴스 읽고, 그렇게 생각한 이유+점수를 말한다. 발표자 4 - 첫 번째 뉴스 읽고, 그렇게 생각한 이유+점수를 말한다. 발표자 1 - 두 번째 뉴스 읽고, 이후 전부 동일하게 끝까지 진행한다. 게임판은 각 모둠당 1장씩 A3 크기로 확대 복사하여 나누어 준다. 이미 만들어진 게임판에 학습자들이 정한 점수를 기록한다. 게임 규칙을 정한다. 다 함께 지켜야 할 규칙은 '주사위를 굴려 이동한 칸의 미션은 한 번만 수행한다'는 것이다. 예를 들어 3칸 앞으로 갔는데, 또 2칸 갈 수는 없다. 주사위를 굴려 게임을 진행한다.
마무리	게임을 마친 후 모둠끼리 게임 후의 느낌을 이야기하게 한다. 게임을 통해 알게 된 뉴스 가운데, 가장 기억에 남는 뉴스, 가장 재미있는 뉴스, 가장 무서운 뉴스 등을 선정한다. 모둠 발표가 끝나면 모둠에서 1명씩 뽑아 전체 발표를 한다. 지도자는 각 모둠에서 합의한 뉴스 평가가 나머지 모둠과 다른 것이 있는지, 있다면 무엇 때문인지 등에 관해 이야기해 준다. 뉴스를 편견 없이 보거나, 제대로 읽는 것이 얼마나 중요한지에 대해 마무리 말을 한다.

활동자료 ① 뉴스 파일: A4 크기로 1모둠에 1장 출력

소년한국일보

2017년 11월 23일 02면 (종합)

방탄소년단, 뮤직비디오 '호르몬 전쟁' 유튜브 1억 뷰 돌파

조회 수 1억 건 이상 '뷔뎔' 등 11편 보유… 남성 그룹 부문 '트위터 최다 리트윗'으로 기네스 등재

7인조 보이 그룹 방탄소년단의 뮤직비디오 '호르몬 전쟁'이 유튜브 1억 뷰를 돌파했다.

22일 소속사 빅히트엔터테인먼트에 따르면, 방탄소년단의 정규 1집 '다크&와일드'에 실린 이 뮤직비디오가 이날 오전 4시 35분께 유튜브 조회수 1억 건을 넘었다. 이로써 방탄소년단은 '불타오르네(FIRE)'와 '쩔어' 등 모두 11편의 1억 뷰 돌파 뮤직비디오를 보유하게 됐다.

방탄소년단은 또 트위터 최다 리트윗으로 기네스북에 등재됐다. 지난 9월 발표한 '기네스 세계기록 2018'에 따르면, 방탄소년단은 '트위터 최다 활동' 남성 그룹 부문에서 리트윗 수 15만 2112회를 기록했다. 이는 2017년 5월 11일까지의 기록을 바탕으로 작성됐다.

한편, 19일(현지 시간) 미국 로스앤젤레스에서 '아메리칸 뮤직 어워즈' 축하 공연 무대를 가진 방탄소년단은 NBC 토크쇼 '엘렌 드제너러스 쇼' 녹화 등 남은 일정을 소화한 뒤 귀국한다.

▲ 뮤직비디오 '호르몬 전쟁'이 1억 뷰 돌파 화면.

신나는 미디어 교육 보드게임 연구회

뉴스 리터러시 보드게임

활동자료 ② 게임판 / A3 크기로 1모둠에 1장 출력

❖ 게임 규칙

1. 주사위를 굴려서 나온 숫자만큼 이동한다.
2. '앞으로', '뒤로' 등의 미션은 주사위 한 번에 한 번만 수행한다.

❖ 모둠 이름

❖ 모둠 친구들

출발 →

서울시, 내년 복지에 10조 쓴다부어

'복지 사각' 3만 명 따뜻한 겨울나기 지원

'지진 수능'이 우리사회에 남긴 교훈

포항 지진피해 환경에서 붓난 시미라이

고용부 "단순 권고 vs 파리바게뜨 "시정명령"

낫서 "학성, 풀이 아니라 모래"

전자담배

여자 vs 자율주행차

평창 롱패딩

은행강도 아닌 '강도은행' 이 대박! 어디갔노~?

목욕이 라이프스타일이라니...

클라라 7킬로 감량 신랑과 운동

아기야 이회... 음쩝, 음... 헵헵... 우직...

생범죄자 누명 벗긴 시인의 집...

검문 부상자와 싸우며 응급실기 탈출 외상센터 간호사

부산 여중생 폭행 시민들 신고 안 했다

형사 미성년 연령 낮추고 형량 확대

'저출산' 용어 퇴출

BTS 방탄소년단, 유튜브 1억 뷰 돌파

❖ 학습도움말

16개의 뉴스를 선별하여 학습자 1인에 4개의 뉴스가 돌아가도록 준비한다.

학습자는 모르는 단어와 중요한 내용 등에 밑줄을 그으며 뉴스를 읽는다. 한 번의 읽기가 끝나면 모르는 단어 등을 친구나 지도자를 통해 확인한다.

〈실제 수업에서 제공된 뉴스〉

1. 매일경제 | 2017.11.10. 사회
   서울시, 내년 복지에 10조 쏟아부어… 포퓰리즘 논란

2. 서울신문 | 2017.11.17. 정책
   '복지 사각' 37만 명 따뜻한 겨울나기 지원

3. 중앙일보 | 2017.11.25. 사설
   '지진 수능'이 우리 사회에 남긴 교훈

4. 동아일보 | 2017.11.25. 사설
   포항 지진피해 현장에서 빛난 시민의식

5. 한겨레 | 2017.11.25. 종합
   나사 "화성 영상 다시 보니… 물이 아니라 모래"

6. 서울경제 | 2017.11.23. 사회
   고용부 "단순 권고" vs 파리바게뜨 "시정명령"

7. 국민일보 | 2017.11.25. 오피니언
   전자담배

8. 한겨레 | 2017.11.24. 오피니언

여자 vs 자율주행차

9. 강원도민일보 | 2017.11.23. 오피니언

　　평창 롱패딩

10. 강원도민일보 | 2017.11.25. 사회

　　평창 롱패딩 '폴미충' 극성

11. 동아일보 | 2017.09.07. 종합

　　약효 없는 저출산 정책, '저출산' 용어 뺀다

12. 소년한국일보 | 2017.11.23. 종합

　　방탄소년단, 뮤직비디오 '호르몬 전쟁' 유튜브 1억 뷰 돌파

13. 경향신문 | 2017.09.07. 사회

　　박상기 법무 "형사 미성년 연령 낮추고 형량 확대"

14. 경향신문 | 2017.09.07. 사회

　　'부산 여중생 폭행' 목격 시민들 신고 안 했다

15. 동아일보 | 2017.11.24. 종합

　　외상센터 간호사 달래주는 한마디 "괜찮아 엄마, 사람 살리고 왔잖아"

16. 동아일보 | 2017.11.24. 사회

　　성범죄자 누명 1년… 갈가리 찢긴 시인의 삶

17. 동아일보 | 2017.11.24. 국제

　　아기와 의회 등원, 일본은 아직…

18. 동아일보 | 2017.11.24. 인물

　　"성공 기업인 되려면 미래를 낙관하라"

19. 동아일보 | 2017.11.24. 오피니언

　　북촌의 투어리스티피케이션

20. 한겨레 | 2017.11.24. 문화

　　예능감은 아직 '스튜핏', 내일 예감은 '그뤠~잇'

뉴스 읽기가 끝나면 뉴스 파일 여백에 자기 생각을 기록한다. 자신이 읽은 것에 대해 모둠에서 발표한다. 이때 뉴스가 사회에, 또는 우리에게 미치는 영향 등을 덧붙여 이야기한다.

"평창 롱패딩이 어때서 자꾸 뭐라고 해? 싸게 팔면 좋은 거잖아."
"어?! 내가 가진 뉴스도 평창 롱패딩 뉴스인데. 그런데 내건 평창 롱패딩을 만들게 된 이유와 평창올림픽 티켓에 관한 이야기가 함께 있어."
"너랑 나랑 같은 주제인데, 뉴스 내용이 다르네?"

학습자에게 신문을 제공할 때는, 이처럼 저학년생들도 이해하기 쉬운 주제라면 서로 비교할 수 있는 뉴스를 제공해도 좋다. 뉴스에 관한 서로의 생각이 다를 수 있다는 것뿐만 아니라, 뉴스를 생산하는 기자들도 동일한 사건을 다른 시각으로 보고 있음을 이해할 수 있다. 이 활동은 뒤에 나오는 활동에서도 연계할 수 있다. 한 가지 주제의 뉴스를 전과 후가 비교되는 다른 내용으로 각각 준비해도 좋다. 특히 A모둠은 전의 뉴스를, B모둠은 후의 뉴스를 읽게 하고 마무리 시간에 각각 비교하여 발표하도록 해도 좋다. 이렇게 하면 지도자가 신문의 이야기를 자기 생각 없이 전해 주는 대로만 믿지는 말라고 이야기하지 않아도 학습자 스스로 알아서 판단하게 되어, 내가 본 뉴스가 전부가 아닐 수 있다는 것을 알게 된다.

❖ 학습정리

뉴스 리터러시 보드게임 1단계

게임에 등장한 뉴스 가운데 기억에 남는 세 가지를 기록해 봅시다.

❶

❷

❸

수업에서 가장 기억에 남은 것을 기록해 봅시다.

❖ 평가

게임 후 셀프 체크리스트 (1:부족함, 2:보통, 3:잘함)

평가 내용	1	2	3
1. 게임의 내용을 충분히 이해했는가?			
2. 게임의 룰을 잘 지켰는가? (게임의 방법적인 규칙)			
3. 같은 모둠원과 협력이 잘 되었는가?			
4. 적극적으로 참여했는가?			
5. 예의를 갖추어 게임을 했는가? (대화, 게임 순서 지키기 등)			
게임 후 소감 (어려운 점, 즐거운 점, 깨달은 점)			

루브릭 평가

평가 요소	세부 내용	1	2	3
지식 및 이해력	뉴스를 논리적이고 비판적이며 합리적으로 사고했다.			
의사소통 능력	모둠의 이야기를 경청했으며, 나의 주장을 차분하게 잘 설명했다.			
심미적 감성 능력	사회와 문화에 대한 이해를 바탕으로 가치를 생각했다.			

뉴스 리터러시 보드게임 2단계

❖ 학습목표

게임을 통해 뉴스가 전달하는 사실, 주장하는 내용, 품고 있는 진실 등을 알고, 그것을 바탕으로 민주사회의 시민 정신을 익힐 수 있다.

- **지식정보처리 역량**

  민주사회에 다양한 문제가 발생하고 있음을 알고, 문제를 논리적, 비판적 시각으로 분석할 수 있다.

- **심미적 감성 역량**

  인간에 대한 공감적 이해와 문화적 감수성을 바탕으로 삶의 의미와 가치를 발견하고 향유할 수 있다.

- **공동체 역량**

  지역, 국가 공동체의 구성원에게 요구되는 가치와 태도를 가지고 공동체 발전에 적극적으로 참여할 수 있다.

❖ 준비물

신문, 활동자료, 주사위, 말

❖ 학습절차

도입	**모둠 짓기** 4~6명이 한 모둠이 되게 구성한다. (저학년이거나 초등학생일 경우 4명이 좋다.)
진행1	신문 읽기 또는 뉴스를 주제로 이야기한다. 신문을 나누어 준다(1인 1신문이 좋다).

	- 신문에서 각자 읽고 싶은 뉴스를 3개씩(4인일 경우 4개씩) 선택하여 읽으며, 내용을 간추려 기록지에 쓴다. - 뉴스에 대한 자기 생각도 기록지에 작성한다. - 이때 특정 주제에 대해 생각해 보도록 지도자가 제시해도 좋다. - 예를 들면 '나에게 미치는 영향', '사회에 미치는 영향', '국가에 미치는 영향' 등 무엇을 기준으로 생각하게 할 것인지를 제시하면 이후 과정에서 더욱 명확한 이야기를 나눌 수 있다. - 자기 생각을 바탕으로 뉴스에 점수를 매긴다. (-5부터 +5점까지)
진행2	- 각자 정리한 내용을 모둠원에게 들려준다. - 발표 방식은 다음과 같다. - 발표자 1 – 첫 번째 뉴스 읽고, 그렇게 생각한 이유+점수를 말한다. 모둠원이 동의하면 넘어가고, 이의를 제기하면 짧게 토론하며 생각을 교환한다. - 발표자 2, 발표자 3, 발표자4도 위와 동일하게 진행한다. - 발표자 1 – 두 번째 뉴스 읽고, 이후 전부 동일하게 끝까지 진행한다. - 게임판은 각 모둠당 1장씩 A3 크기로 확대 복사하여 나누어 준다. - 모둠원들이 함께 모여 게임판을 만든다. (186페이지 사진 참고) - 게임판에 자신이 발표한 뉴스의 제목을 쓰고, 점수를 기록한다. - 게임 규칙을 정한다. - 다 함께 지켜야 할 규칙은 '주사위를 굴려 이동한 칸의 미션은 한 번만 수행한다'는 것이다. 예를 들어 3칸 앞으로 갔는데, 또 2칸 갈 수는 없다. - 주사위를 굴려 게임을 진행한다.
마무리	- 게임을 마친 후 모둠끼리 게임 후의 느낌을 이야기하게 한다. - 모둠 발표가 끝나면 모둠에서 1명씩 뽑아 전체 발표를 하게 한다. - 지도자는 뉴스를 편견 없이 보거나, 제대로 읽는 것이 얼마나 중요한지에 대해 마무리 말을 한다.

활동자료 ① 기록지: A4 크기로 1인에 1장 출력

뉴스 리터러시 보드게임

<활동 1> 뉴스 리터러시 보드게임에 삽입할 뉴스를 정리해 봅시다.

뉴스 ❶	제목: 내용 정리:
뉴스 ❷	제목: 내용 정리:
뉴스 ❸	제목: 내용 정리:
뉴스 ❹	제목: 내용 정리:

뉴스 리터러시 보드게임

<활동 2> 앞에서 작성한 뉴스에 대해 자기 생각을 정리해 봅시다.

뉴스 ❶	나의 생각:
뉴스 ❷	나의 생각:
뉴스 ❸	나의 생각:
뉴스 ❹	나의 생각:

신나는 미디어 교육 보드게임 연구회

활동자료 ② 게임판 : A3 크기로 1모둠에 1장 출력

뉴스 리터러시 보드게임

❖ 게임 규칙

1. 주사위 숫자만큼 이동한다.
2. '앞으로', '뒤로' 등의 미션은 한 번만 더 이동한다.
3. 중간 미션은 반드시 실시한다.
4.

❖ 학습도움말

뉴스를 선택하게 할 때는 특별한 기준을 주는 것이 좋다. 환경이나 문화 등 아이들이 쉽게 다가갈 수 있는 주제부터 경제나 진로같이 조금은 무게가 있는 주제까지 다양하게 이야기할 수 있다. 이러한 주제를 주면 아이들이 뉴스를 읽고 사고할 때에도, 한쪽에서 비교하며 생각할 수 있어서 뉴스를 이해하는 게 더 쉬워진다.

뉴스는 우리 사회에서 일어나는 일들을 기록한 것이다. 그러므로 뉴스를 통해 우리 사회가 어떻게 돌아가고 있는지를 알 수 있다. 평창올림픽 경기장에 있지 않아도 평창올림픽 소식을 알 수 있고, 포항에 있지 않아도 포항의 지진 피해 상황을 자세히 알 수 있는 것처럼 말이다.

이러한 뉴스를 통해 우리의 생활에 어떤 변화가 올 것인지, 우리의 직업이 어떻게 바뀌어 갈지, 우리나라의 20년, 30년 후 미래가 어떻게 변화할지를 예측할 수 있게 된다. 그러므로 이 사회를 살아가는 우리들은 이러한 뉴스에 관심을 가져야 한다. 나 자신이 이 사회의 구성원으로 살아가기 때문이다. 그러나 아이들에게 "이런 사건들이 너희들에게 어떤 영향을 끼칠지, 너희가 앞으로 어떻게 변화될지 관심을 가져 보자"라고 하면 아이들은 "그런 걸 왜 해요?"라는 반응을 보인다. 그게 당장 자신과 무슨 상관이 있냐는 말이다.

정말 이런 뉴스들은 우리와 아무 상관이 없을까? 경제를 주제로 수업하면서 뉴스 리터러시 보드게임을 진행했다. 아이들에게 경제생활이라고 생각되는 것들을 찾아서 정리하게 한 뒤 게임을 위해 친구들과 생각을 나누도록 했다.

"거제도에 조선소가 있는데, 요즘 조선업이 불황이라 어렵다고 하네."

"내 것은 자동차 산업 뉴스인데, 중국 시장에도 문제가 생겼고 파업도 잦아서 자동차 업계가 힘들대."

이 이야기는 부산의 모 남자 고등학교 1학년 학생들과의 수업에서 나온 대화다.
"애들아, 뉴스를 읽다가 보니 어떤 것은 경기가 좋다고 하고, 어떤 것은 어렵다고 하지? 이런 경제에 관한 뉴스가 너희들 진로와도 연결되어 있어. 여기 부산에도 조선소가 있으니, 한번 물어보자. 이 중에서 혹시 조선소에서 일하는 게 꿈인 사람?"
"저요. 저는 배가 좋아요."
"그렇구나. 그런데 친구들이 찾은 뉴스에서는 조선업 경기가 좋지 않다고 하네. 네 진로와도 바로 연결되는데, 넌 어떻게 생각하니?"
"그런 것까지 생각해야 하는지 몰랐어요. 더 고민해야겠어요."
"네 꿈을 접으라는 이야기가 아니야. 요즘 조선업 전망이 어둡다는 걸 참고해서 잘 생각해 보고, 그래도 네 꿈이 변함없다면 어려워도 열심히 할 방법을 찾아야겠지. 그런데 아직 꿈을 찾지 못한 친구들이 이 기사를 지금 봤다면, 그 친구들은 조선업보다는 다른 일을 찾아보는 것이 좋겠지?"

뉴스 리터러시를 하였을 뿐인데, 자연스레 진로 문제로 대화가 이어졌다. 이러한 사례는 진로에만 국한되지 않는다. 뉴스 리터러시 보드게임은 앞에서 만났던 다양한 주제와 뒤에서 만나게 될 새로운 주제뿐만 아니라 교과서에 연결해서도 활용할 수 있는, 그야말로 만병통치약 같은 보드게임이 되리라 자신한다.

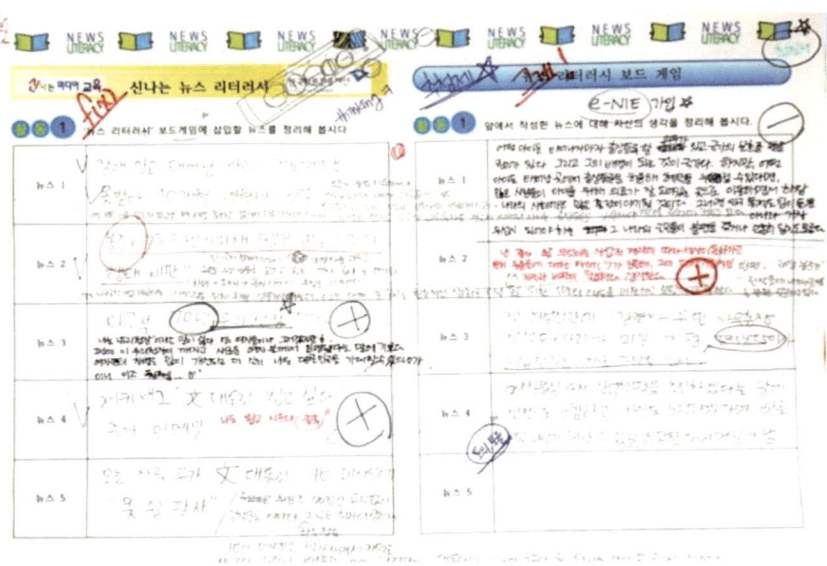

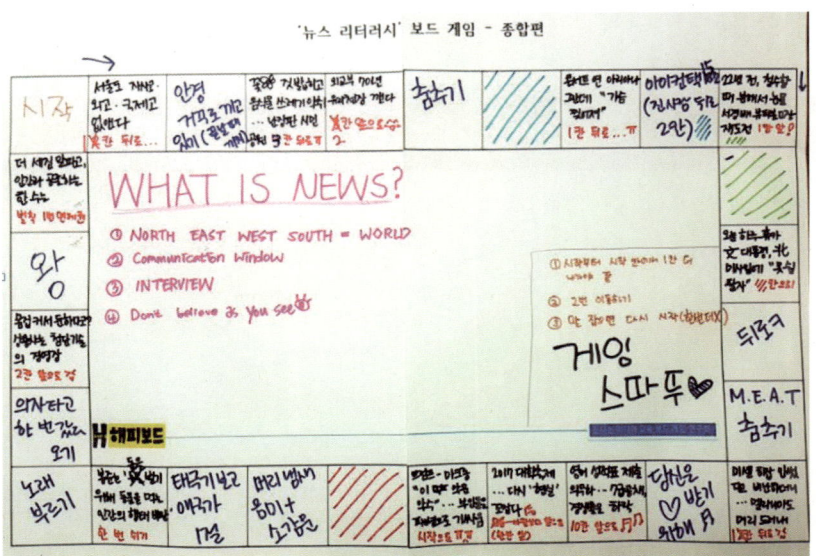

❖ 학습정리

뉴스 리터러시 보드게임 2단계

게임에 등장한 뉴스 가운데 기억에 남는 세 가지를 기록해 봅시다.

❶

❷

❸

수업에서 가장 기억에 남은 것을 기록해 봅시다.

❖ 평가

게임 후 셀프 체크리스트 (1:부족함, 2:보통, 3:잘함)

평가 내용	1	2	3
1. 게임의 내용을 충분히 이해했는가?			
2. 게임의 룰을 잘 지켰는가? (게임의 방법적인 규칙)			
3. 같은 모둠원과 협력이 잘 되었는가?			
4. 적극적으로 참여했는가?			
5. 예의를 갖추어 게임을 했는가? (대화, 게임 순서 지키기 등)			
게임 후 소감(어려운 점, 즐거운 점, 깨달은 점)			

루브릭 평가

평가 요소	세부 내용	1	2	3
지식 및 이해력	뉴스를 보며 논리적, 비판적, 합리적으로 사고했다.			
협업 능력	다른 모둠원들과 의사소통하며 모둠별 활동에 적극적으로 참여했다.			
심미적 감성 능력	사회와 문화에 대한 이해를 바탕으로 가치를 생각했다.			

카드 게임 속으로 들어간 토의·토론

토론의 중요성과 토의·토론의 이해, 토론 예절 등에 대한 것은 많은 이론서가 있으니 여기에서는 생략하기로 한다. 요즘 토론이 대세라는 것을 입증이라도 하듯, 방송이나 미디어를 통해 토론이란 말을 자주 듣는다. 하지만 정작 우리 아이들은 토론을 어려운 '과제'로 여기며 접근하기 때문에 겁을 내는 경우가 많다. 그냥 말하기도 어려운데, 시간을 정해 놓고 말하라고 한다. 어려서부터 자유로운 말하기나 토론 문화가 익숙한 환경에서 자란 것도 아닌데, 그런 아이들에게 토론으로 경쟁하여 1, 2등을 가리라고 가르친다.

오랫동안 대회용 형식 토론에 심취하여 많은 학생을 가르쳤다. 학생들이 토론 논제에 대해 자료 조사를 하고 논점을 세우는 과정을 보면 경이롭기까지 했다.

그런 와중에 한 학생이 물었다.

"선생님, 왜 꼭 시간을 재면서 초조하게 말해야 하는 건가요? 친구들과 겨루기 위한 토론 말고, 우리들끼리 좋은 의견을 나누면서 자유롭게 합의해 나가는 토론을 하면 안 되나요?"

논쟁을 즐기던 학생인데, 대회에 나가기 위해 계속 경쟁적 토론 연습을 하면서 완전히 질려버린 얼굴이었다. 토론의 피로도가 급상승한 이 학생이 지쳐서 말문을 닫아버리기 전에 즐거운 논쟁을 해 보자는 생각으로 다양한 토론 방법을 고민했다. 그 결과 몇 가지 즐기는 토론 방법을 학생들과 직접 해 보면서 꽤 호응을 얻었다. 여기서는 게이미피케이션의 하나로 학습 보드게임을 주제로 하고 있으니 육하원칙 토론 게임과 갈등해결사 게임에 대해 소개하려고 한다.

게임으로 진행하다 보니 해피코인을 주고받기는 하지만, 그것은 객관적인 평가라기보다는 열심히 한 친구에 대한 격려 차원의 의미라고 학생들에게 설명한다. 그래서 논리적으로 분석을 잘한 친구에게도 주지만, 토론 예절이 좋았던 친구에게도 줄 수 있다.

자, 해피 토론 왕에 도전할 준비가 되었는가?

육하원칙 토론 게임

❖ 학습목표
논제카드의 시사 이슈에 대해 모둠을 구성하여 이야기를 나누고 단계별로 깊이 있게 생각하고 분석할 수 있다.

- **공동체 역량**

  이슈 논제를 통해 우리 사회의 문제를 어떻게 해결해 나갈 것인지 의견을 제시하고, 공동체와 개인을 위한 해결 방안을 제시할 수 있다.

- **의사소통 역량**

  토론 과정을 통해 내가 주장하는 의견과 해결 과제를 모둠원이 이해할 수 있도록 논리적으로 말할 수 있다. 상대의 주장을 잘 듣고, 그에 대한 질문과 반박을 펼칠 수 있다.

- **창의적 사고 역량**

  이슈 논제를 해결해 가는 과정에서 'HOW'의 제시를 통해 창의적인 문제 해결을 체험할 수 있다.

❖ 준비물
활동자료, 주사위, 말

❖ 학습절차

도입	모둠 짓기 관찰기록자 1인과 2인 1팀으로 구성된 2팀이 한 모둠이 되게 구성한다 (총 5인).

진행1	토론에 들어가기 전에 최근의 시사 이슈를 훑어본다. 뉴스에서의 육하원칙에 관해 설명한다. 누가, 언제, 어디에서, 무엇을, 어떻게, 왜 했는지에 대하여 조목조목 이야기한다. 그리고 우리가 오늘 진행할 토론에서의 육하원칙 분석 기록지를 보여준다. 육하원칙 분석 기록지에 뉴스를 분석해 본다.
진행2	게임판은 각 모둠당 1장씩 A3 크기로 확대 복사하여 나누어 준다. 가운데에 논제카드를 뒤집어 쌓아 놓는다. 해피코인은 1인당 10개씩 나누어 준다. 출발 지점에 말을 놓고 주사위를 굴려서 나온 숫자만큼 앞으로 간다. 도착한 곳의 지시 사항에 따라 분석한 것을 이야기한다. 모둠원이 분석 내용을 듣고 만족하면 해피코인을 1개씩 준다. 해피코인 10개를 먼저 모으면 승리한다. 게임이 종료되면 쌓여 있는 다른 논제카드에 대해 계속 진행할 수 있다.
마무리	관찰기록자의 역할이 중요하다. 육하원칙에 대해 분석한 내용을 기록하여 게임이 종료되면 발표하도록 한다. 논제카드가 단순한 찬반이 아니라 육하원칙의 분석 단계를 거쳤기 때문에 구체적으로 논제를 파악할 수 있다. WHY와 HOW의 분석을 모둠별로 어떻게 했는지 지도자가 잘 정리해 준다.

활동자료 ① 게임 규칙: A4 크기로 1인에 1장 출력

육하원칙 토론 게임 규칙

❖ **게임 준비**

1. 세팅   게임판을 가운데 펼치고, 논제카드와 해피코인을 쌓아 놓는다.

2. 시작   관찰기록자 1인을 선정하여 기록지를 배부한다.

❖ **게임 진행**

3. 게임
- 순서를 정하여 주사위를 굴려서 나온 숫자만큼 앞으로 간다.
- 도착한 곳의 지시사항에 따라 분석한 것을 이야기한다.
- 모둠원이 분석 내용을 듣고 만족하면 해피코인을 1개씩 준다.
- 흑기사가 나오면 플레이어가 흑기사를 선택하여 대신 분석하게 한 후 흑기사와 플레이어 모두 똑같이 해피코인을 받는다.
- 답변양보 칸에서는 내 답변을 다른 사람이 대신하게 시킬 수 있다. 해피코인은 답변한 사람이 받는다.

❖ **게임 승리**

4. 결과   해피코인 10개를 먼저 모으면 승리한다.
게임이 종료되면 관찰기록자가 기록한 내용을 발표해 다른 모둠과 비교해 본다.

학생 배부용 게임 규칙

활동자료 ② 게임판: A3 크기로 1팀에 1장 출력

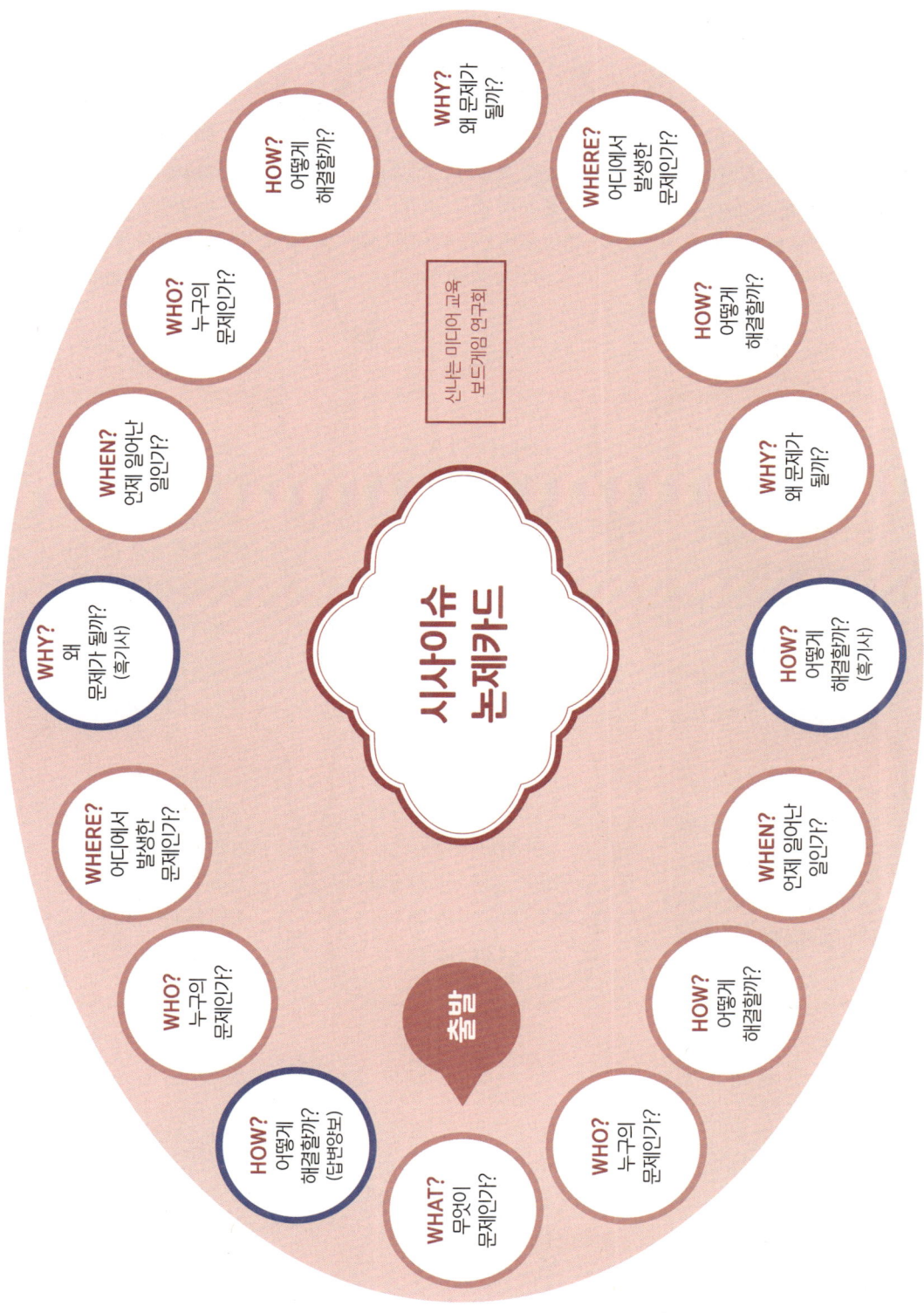

활동자료 ③ 논제카드: A4 크기로 1인에 1장 출력

촉법소년의 나이가 만 13세로 낮춰진 것에 대해 어떻게 생각하는가? 촉법: 죄를 범해도 형사상 미성년자로 보호처분 받음	신입사원을 뽑을 때 학벌, 학력, 출신지, 신체조건 등을 보지 않고 실력만으로 뽑는 블라인드 채용에 대해 어떻게 생각하는가?	공연 티켓이나 한정판의 물건을 사들여 몇 배의 가격을 붙여 파는 리셀(Resell)에 대해 어떻게 생각하는가?
케냐에서는 환경오염을 이유로 비닐봉지 사용금지 법안을 만들었다. 어떻게 생각하는가?	군사 강국이 AI 킬러 로봇을 개발하고 있다. AI는 스스로 학습하여 지능이 발달한다. AI를 무기에 적용하는 것을 막아야 할까?	눈에 보이지 않는 아이디어는 저작권으로 보호한다. 개그맨의 유행어와 특정 향이나 냄새도 저작권으로 보호해야 할까?
인권위가 학교에서 휴대전화를 걷는 것은 기본권을 침해하는 것이라고 밝혔다. 어떻게 생각하는가?	<아이 로봇>, <매트릭스> 등 인공지능 AI가 가져올 미래를 어둡게 그린 영화가 많다. AI의 미래는 부정적이고 비관적이라고 생각하는가?	서울시 교육청이 인권침해라는 이유로 상벌점제를 폐지했다. 교내 질서를 위해 상벌점제는 필요한가, 그렇지 않은가?

활동자료 ④ 해피코인: A4 크기로 1모둠에 10장 출력

활동자료 ⑤ 육하원칙 분석 기록지 (관찰기록자용)

카드로 하는 토의·토론

학년 :

이름 :

논제카드의 내용은 무엇인가요?

육하원칙 분석

WHO? 누구의 문제인가?	분석자 : 분석자 :	분석 내용 : 분석 내용 :
WHEN? 언제 일어난 일인가?	분석자 : 분석자 :	분석 내용 : 분석 내용 :
WHERE? 어디에서 발생한 문제인가?	분석자 : 분석자 :	분석 내용 : 분석 내용 :
WHAT? 무엇이 문제인가?	분석자 : 분석자 :	분석 내용 : 분석 내용 :
WHY? 왜 문제가 될까?	분석자 : 분석자 :	분석 내용 : 분석 내용 :
HOW? 어떻게 해결할까?	분석자 : 분석자 :	분석 내용 : 분석 내용 :

❖ **학습도움말**

논제에 대해 아이들에게 분석하라고 하면 무엇을 해야 할지 몰라서 어리둥절해 한다. 구체적인 분석의 단계를 경험하지 않으면 막연하게 논제의 상황을 설명하거나, 찬반으로 급하게 결론을 내리고 전투태세 토론의 장으로 바로 진입하려고 한다. 하지만 논제 대부분은 누구와 관련되어 있고, 왜 문제가 되며, 어느 곳에서 발생하는지 등의 육하원칙으로 알아야 정확한 찬반의 논점을 제시할 수 있다. HOW의 경우가 다양한 해결책을 제시하는 역할로, 주어진 논제에서 가장 중요한 부분일 것이다. 게임판 위의 육하원칙 칸을 따라 돌아가면서, 학습자가 제시한 분석과 해결책이 모둠원을 잘 설득할 수 있다면 지지의 해피코인을 받을 수 있다. 해피코인 10개를 먼저 모으면 승리하지만, 극심한 경쟁 구도의 게임은 아님을 강조하는 것이 좋다.

이 게임은 관찰기록자의 역할이 아주 중요하다. 게임의 시작과 마무리를 관장하고, 게임 중 육하원칙에 대한 분석을 모둠원이 말할 때, 그것을 기록하여 나중에 발표하는 역할을 맡고 있다. 말은 시간이 지나고 나면 기억이 나지 않는다는 맹점을 극복하기 위해 관찰기록자의 역할이 중요하다는 것을 다시 한번 강조한다. 관찰기록자 역할은 돌아가면서 하도록 한다. 실제로 플레이어보다 관찰기록자가 더 많이 깨닫고 배우는 바도 클 것이다.

❖ 학습정리

오늘의 토론 논제는 무엇이었나요?

토론 논제에 대해 육하원칙으로 정리해 봅시다.

찬반의 입장을 정리해 봅시다.

찬성	반대

❖ 평가

게임 후 셀프 체크리스트 (1:부족함, 2:보통, 3:잘함)

평가 내용	1	2	3
1. 육하원칙이 무엇인지 정확하게 알았는가?			
2. 육하원칙으로 시사 토론 논제를 분석할 수 있는가?			
3. 시사 토론 논제의 찬반에 대한 입장 차이를 알 수 있는가?			
4. 어떻게 해결하면 좋을지에 대한 이야기를 나누었는가?			
5. 예의를 갖추어 게임을 했는가? (대화, 게임 순서 지키기 등)			

게임 후 소감 (어려운 점, 즐거운 점, 깨달은 점)

루브릭 평가

평가 요소	세부 내용	1	2	3
지식 및 이해력	토론 논제에 대해 정확하게 분석하여 알 수 있었다.			
협업 능력	육하원칙 분석 단계에서 모둠원과의 협업과 관찰기록자의 역할이 잘 진행되었다.			
창의적 사고력	논리적 해결책을 제시할 수 있었다.			

갈등의 해결사를 찾아라

❖ 학습목표
가정과 학교, 사회에서 발생하는 다양한 갈등상황에 대해 의견을 나누고 가장 합리적인 해결책을 찾아낼 수 있다.

- **공동체 역량**

    다양한 상황에서의 갈등을 해결하는 과정에서 공동체가 나아갈 바를 이야기할 수 있다.

- **심미적 감성 역량**

    논리적 주장만이 아니라 감성적인 설득의 과정을 경험하여 상대를 배려하는 언어 사용을 할 수 있다.

- **창의적 사고 역량**

    창의적인 사고로 갈등상황을 현명하게 해결할 수 있다.

❖ 준비물
활동자료, 주사위, 해피코인(203페이지 해피코인 사용)

❖ 학습절차

도입	모둠 짓기 4명이 한 모둠이 되게 구성한다.
진행1	우리 사이에 갈등이 일어나는 곳이 주로 어디인지 이야기 나눈다. 가정, 학교, 사회의 갈등상황 특징은 어떻게 다른지 발표한다. 가정, 학교, 사회의 갈등상황을 모둠별로 작성하여 포스트잇에 써서 칠판에 붙여 본다.

	갈등상황에 대해 서로 공감하고, 포스트잇의 갈등상황을 갈등카드로 만들 수 있다는 것을 이야기한다. 이번 시간에는 이미 만들어진 갈등카드로 진행한다.
진행2	갈등카드 24장을 골고루 잘 섞어서 뒤집어 쌓아 놓는다. 모둠원 각자에게 1, 2, 3, 4의 번호를 부여한다. 주사위를 굴려서 나온 번호의 모둠원이 플레이어가 된다. 플레이어는 제일 위에 있는 갈등카드를 가져와 모둠원에게 읽어 준다. 플레이어는 돌아가며 모둠원의 의견을 경청한다. 모두의 의견을 충분히 다 듣고 난 후, 가장 설득력 있게 주장을 펼친 모둠원에게 해피코인을 준다. 다시 주사위를 던져서 게임을 진행한다.
마무리	갈등을 예측할 수 없는 상황에서 갈등카드 속 상황에 대해 모둠원이 경청하여 판단하는 역할을 하게 한다. 긴장감 있는 게임이 아니라 플레이어를 설득하는 것이 중요한 게임임을 알려 준다.

활동자료 ① 게임 규칙: A4 크기로 1인에 1장 출력

갈등해결사 게임 규칙

❖ **게임 준비**

1. 세팅   24장의 갈등카드를 잘 섞어 뒤집어 쌓아 놓는다.
　　　　　1인당 10개의 해피코인을 갖는다.

2. 시작   모둠원 4명의 번호를 정하고, 주사위를 굴려 나온 숫자의 사람이 플레이어가 된다.

❖ **게임 진행**

3. 게임
- 플레이어는 카드를 뒤집어 갈등카드를 읽어 준다.
- 모둠원 각각의 의견이나 갈등 해결 방법에 대해 경청한다.
- 충분히 다 듣고 난 후 가장 설득력 있게 말한 모둠원에게 해피코인을 준다.

❖ **게임 승리**

4. 결과   해피코인 10개를 먼저 모으면 승리한다.
　　　　　게임이 종료되면 가장 해피코인을 많이 모은 사람의 말하기 특징에 대해 돌아가면서 칭찬한다.

학생 배부용 게임 규칙

활동자료 ② 갈등카드(가정) : A4 크기로 1인에 1장 출력

〈제사 꼭 가야 하나?〉
할아버지 댁에 제사 지내러 가느라 학원도 빠지고 공부에 지장이 많다. 제사에 학생들이 꼭 가야 할까?
당신의 의견은?

〈내 방 청소〉
학교 공부와 수행평가, 학원 다니기, 봉사 활동 등 학생들은 하루가 너무 바쁘다. 그러니 방 청소 정도는 부모님이 해 주면 좋겠다. 당신의 의견은?

〈학원 선택〉
성적을 잘 올려 준다는 학원을 부모님이 알아보고 유명한 학원에 아이를 보낸다. 학원은 공부하는 학생이 직접 선택하는 것이다.
당신의 의견은?

〈공부하라는 잔소리〉
부모님은 내 얼굴만 보면 공부하라고 한다. 그러면 공부를 하려다가도 하고 싶은 마음이 사라진다. 공부하라는 말 금지법이라도 만들고 싶다. 당신의 의견은?

〈진로 선택〉
내 꿈은 내가 선택하고 싶다. 그런데 부모님이 전망 좋고 취업 잘되는 분야로 진로 선택을 하라고 한다. 진로는 학생이 선택해야 한다.
당신의 의견은?

〈형제간 갈등〉
형제간에 싸우면 부모님이 맏이 편만 든다. 동생이니까 참아야 하고, 공부 중이니까 조용히 해야 한다. 형제간 갈등에 부모님은 참견하지 않았으면 한다.
당신의 의견은?

〈가부장적 부모님〉
부모님이 우리를 낳아 주시고 길러 주신 것은 감사하다. 그러나 부모님 말씀에 무조건 복종해야 하는 건 아니다. 복종 강요를 거부한다.
당신의 의견은?

〈심부름하기〉
슈퍼에서 물건 사 오기, 세탁소 다녀오기, 집안일 돕기 등 심부름을 하느라 힘들다. 공부하기도 바쁜데 심부름은 안 시켰으면 좋겠다.
당신의 의견은?

활동자료 ③ 갈등카드(학교) : A4 크기로 1인에 1장 출력

<교내 화장 논란>
학교에서 화장하는 것을 제한하고 있다. 학교 내에서 비비크림과 틴트, 눈화장 등을 하는 것에 대한 찬반 의견은?

<급식 메뉴 선정>
학교 급식은 메뉴와 맛 때문에 안 먹는 학생들도 많다. 학교 급식 메뉴를 학생들에게 설문 조사하여 식단을 만드는 것에 대한 찬반 의견은?

<체육복 바지 허용>
추운 겨울엔 학교에서 여학생들이 체육복 바지를 많이 입는다. 따뜻하기 때문인데 학교 측은 교칙에 어긋난다며 금하고 있다. 체육복 바지를 입는 것에 대한 찬반 의견은?

<실내화 신기 폐지>
학교에서 실내화와 실외화를 따로 신는 것은 번거롭고 불편하다. 실내화 신기를 폐지하는 것에 대한 찬반 의견은?

<동아리활동 인원 제한>
대부분의 동아리 활동은 인원이 정해져 있어서 하고 싶은 활동을 못 하는 학생이 많다. 인원수 상관없이 하고 싶은 동아리 활동을 하게 하는 것에 대한 찬반 의견은?

<자율배식>
학교 급식을 자신이 원하는 양만큼 가져가 먹도록 하자. 일률적으로 배식을 하니 남기는 음식이 많다. 자율배식에 대한 찬반 의견은?

<벌점제 폐지>
학교 교칙을 어겼을 경우 벌점을 받고, 벌점이 쌓이면 선도위원회가 열린다. 이런 벌점제를 폐지하자는 학생들이 많은데, 찬반 의견은?

<외부행사 사복 착용>
교복은 외부 행사를 하기에 불편하다. 현장체험 학습 등의 외부 행사 때에 사복을 입는 것에 대한 찬반 의견은?

활동자료 ④ 갈등카드(사회) : A4 크기로 1인에 1장 출력

<15kg 개 입마개 의무>
경기도가 무게 15kg 이상의 반려견 외출 시 입마개를 의무적으로 착용해야 한다는 대책을 내놓았다. 이에 대한 찬반 의견은?

<착한 사마리아인법>
위험에 처한 사람을 돕지 않으면 처벌하는 착한 사마리아인법 제정이 진행 중이다. 도움이 필요한 사람을 모른 체하는 것은 처벌해야 한다는 주장과 부당하다는 주장이 팽팽히 맞서고 있다. 이에 대한 찬반 의견은?

<40cm 개 입마개 의무>
농림축산식품부는 바닥에서 어깨까지의 높이가 40cm 이상인 개의 입마개 착용을 의무화했다. 이에 대한 찬반 의견은?

<식용견 논란>
동물보호법 개정안을 발의한 가운데 개고기 식용을 놓고 찬성과 반대 집회가 열렸다. 반려견과 식용견은 다르다는 입장과 보신탕을 먹는 것은 동물 학대라는 의견이 맞선다. 이에 대한 찬반 의견은?

<화재 시 불법차량 조치>
불법 주정차로 소방활동이 방해되면 소방관이 차량을 훼손해도 보상받지 못한다. 이에 대한 찬반 의견은?

<극장 내 음식 반입>
국내 최대 멀티플렉스 A극장이 분식 프랜차이즈와 손잡고 각종 튀김 메뉴를 판매하기 시작했다. 상영관 안에서 음식 먹기, 이에 대한 찬반 의견은?

<20분 배달 서비스>
일본에서는 20분 안에 피자 배달 서비스를 하고 약 1,900원을 더 받는 '미션 20미니트'를 운영한다. 이에 대한 찬반 의견은?

<노키즈 존>
어린이의 출입을 막는 식당이나 카페 등 노키즈존이 늘고 있다. 어린이 안전사고나 소음문제 때문에 찬성하는 입장과 어린이 차별이라는 반대 입장이 있다. 이에 대한 찬반 의견은?

❖ 학습도움말

　이 게임은 토론이 어렵거나 거창한 것이 아님을 알 수 있는 활동 중 하나이다. 우리 주변에서 일어날 수 있는 다양한 갈등상황들에 대해 서로 다른 의견을 가질 수 있다는 것을 인정하는 것이 토론의 시작이다. 특히, 가정이나 학교에서의 갈등카드는 아이들 스스로 빈번하게 발생하는 갈등상황을 설문 조사하여 만든 내용이다. 가정과 학교의 갈등카드를 뽑은 아이들은 더 밝고 즐거운 표정으로 기꺼이 플레이어 역할을 한다. 사회의 갈등카드는 시사 뉴스에서 언급되는 내용이라 아이들이 조금 어려워할 수 있다. 이럴 경우, 〈진행 1〉에서 시사 뉴스 훑어보기를 할 때 기사를 같이 읽으면서 좀 더 알아보고 본 게임에 참여하면 효과적이다.

　이 게임은 승부를 내기 위한 것이 아니라, 플레이어의 듣는 자세와 갈등 문제에 대한 모둠원의 다양한 의견을 주고받는 것에 그 목표가 있다.

　갈등해결사 게임을 진행하다 보면 갈등 문제에 대한 긍정적인 면과 부정적인 면이 나오게 마련이다. 이런 이야기 끝에 가장 바람직한 문제 해결 방법이나 대안을 제시하는 모둠원이 등장한다. 이는 게임 안에서 아이들이 PMI (Plus Minus Interesting) 기법을 적용하고 있음을 나타낸다.

　게임 후에 아이들이 제시하는 갈등 사례에 대해 기록지를 쓰게 하면 의욕적으로 다양한 사례들이 나온다. 그리고 그 갈등상황들을 갈등카드로 만들어 다음 시간에 꼭 같이 해 보자고 요구하는 아이들도 있다. 아이들이 당면하는 여러 갈등상황을 어른들의 훈계나 강압으로 해결하는 것이 아니라 게임의 과정으로 풀어가는 것은 아주 의미 있는 일이다.

※ 학습정리

갈등의 해결사를 찾아라

우리 가정의 갈등상황을 이야기해 봅시다.

우리 학교에서 일어날 수 있는 갈등상황을 이야기해 봅시다.

시사 뉴스를 통해 관심을 갖게 된 우리 사회의 갈등상황을 이야기해 봅시다.

❖ 평가

게임 후 셀프 체크리스트 (1:부족함, 2:보통, 3:잘함)

평가 내용	1	2	3
1. 가정의 갈등 문제에 대해 의견을 잘 이야기했는가?			
2. 학교의 갈등 문제에 대해 의견을 잘 이야기했는가?			
3. 사회의 갈등 문제에 대해 의견을 잘 이야기했는가?			
4. 플레이어가 되었을 때, 모둠원의 의견을 잘 듣고 판단할 수 있었는가?			
5. 예의를 갖추어 게임을 했는가? (대화, 게임 순서 지키기 등)			

게임 후 소감 (어려운 점, 즐거운 점, 깨달은 점)

루브릭 평가

평가 요소	세부 내용	1	2	3
지식 및 이해력	다양한 갈등상황에 대해 듣고 합리적 판단을 했다.			
심미적 감성 능력	갈등상황에 대한 감성적 설득을 잘 했다.			
창의적 사고력	갈등상황에 대해 창의력을 발휘하여 논리적 설득, 감성적 설득을 잘 했다.			

09 경제

중등, 고등

어려운 경제, 보드게임으로 다가가다

　신문의 지면 중 가장 읽기 어려운 주제가 경제다. 어려운 용어가 하루가 멀다고 새로 생겨나는 것도 그렇지만, 오르고 내리는 시세 등을 보며 돈이 될 것과 아닌 것을 구분해내는 능력이, 내게는 없기 때문이다. 남들은 이사를 다니며 돈을 번다고도 하고 주식에 투자해서 돈을 벌었다고도 하는데, 난 그저 가능하면 피하고픈 게 경제였다. 그저 따박따박 일한 만큼 벌어서 잘 먹고 잘살면 된다는 것이 내가 가진 경제관념의 전부였다. 이런 내게 어느 날, 경제를 연구하는 한 팀으로부터 함께 일하자는 제안이 들어왔다. 세계화를 주제로 중등용 경제 자료를 개발하고 있는데 기록지를 만들어 줄 수 없겠느냐는 것이다. 나는 당연히 거절했다. 경제와 친하지 않은 내가 뭘 할 수 있을까 싶어서 정중히 사양했다. 그런데 원고는 중등용으로 최대한 쉽게 쓸 예정이니 어렵게 생각하지 말고 만들어 달라는 요청이 다시 들어왔다. 결국, 그쪽의 원고를 보고 공부하며 만들기로 하였다.

　그런데 그렇게 공부를 하다 보니 '나도 경제 자체가 어렵다고 여기고 지레 포기했었는데, 중학생 애들은 오죽할까?' 하는 생각이 들었다. 결국 경제를 신나게 놀면서 배울 방법을 찾아 나섰다. 그때 눈에 띈 것이 집에 있던 블루마블과 인생진로 게임이었다.

'그래, 이렇게 보드게임으로 경제를 배우면 참 재미있겠다!'

보드게임의 정의나 역사는 전혀 몰랐지만, 경제를 좀 쉽게 학습할 수 있게 만들어 보자는 생각 하나로 일단 시작해 보았다. 그렇게 해서 탄생한 게 글로벌무역 게임과 세계투자 게임 등이다. 이 가운데 세계투자 게임은 사회과 선생님들을 대상으로 한 전국 5개 도시 교사연수에서 뜨거운 반응을 끌어냈다. 선생님들과 아이들 모두 재미있어할 수업 아이디어라는 평가를 받았다.

하지만 경제 보드게임과의 인연은 여기까지였다. 나 스스로 경제를 그렇게 좋아하지 않았던지라 더 연구할 생각도, 다른 교육에 활용할 생각도 하지 않았다. 지금은 이 게임을 새롭게 수정해서 고등학생들과 함께 보드게임 맛보기 수업용으로 가끔 활용하고 있다.

지금부터 글로벌무역 게임과 세계투자 게임을 해 보자. 돈 벌 준비가 되었는가? 그렇다면 함께 go! go!

글로벌무역 게임

❖ 학습목표

게임을 통해 각 나라가 가진 자원들을 알고, 그 자원들이 모여 하나의 생산품이 만들어지는 과정을 통해 세계화를 체험한다.

- **지식정보처리 역량**

    게임을 통해 각 나라가 다른 자원을 가지고 있음을 알고, 각국의 자원이 모여 하나의 생산품이 되는 것을 이해할 수 있다.

- **창의적 사고 역량**

    획득한 자원카드를 활용하여 생산품을 만들 수 있다.

- **의사소통 역량**

    팀원과의 토의를 통해, 우리 팀의 생산품이 합당함을 설명할 수 있다.

❖ 준비물

활동자료, 주사위, 말

❖ 학습절차

도입	모둠 짓기 2인 1팀이 되어 3팀(6인)이 한 모둠이 되게 구성한다.
진행1	글로벌 체험에 관한 이야기로 접근한다. 글로벌에 대해 이해했다면 놀이를 통해 정리해 보자. 게임을 시작하기 전 무역 품목표를 나눠 주고, 학습자 스스로 각 나라에서 어떤 것들이 생산되거나 수출되고 있는지 살펴본다.

진행2	게임의 최종 목표는 각 나라에서 수입한 자원 네 가지를 활용하여 모두가 인정하는 생산품 한 가지를 만드는 것이다. 단, 네 가지 중에 노동력 또는 기술카드가 반드시 1장 있어야 한다. 게임판은 각 모둠당 1장씩 A3 크기로 확대 복사하여 나누어 준다. 각 팀은 게임판의 네 꼭짓점에 있는 나라에서 각각 출발하고 시계방향으로 돌아 그곳으로 되돌아온다. (수업에 따라 다양한 방법으로 출발할 수 있다. 3~4팀이라면 네 꼭짓점 중 한 곳에서 출발하고, 5~6팀이라면 꼭짓점과 중앙의 나라 한 곳에서 출발한다. 또한, 한 자리에 모두 모여서 출발할 수도 있다.) 주사위를 굴려 나온 숫자만큼 앞으로 간다. 도착한 곳의 지시사항에 따른다. 도착한 곳에 나라 이름만 있는 경우, 그 나라가 가진 자원 가운데 한 가지를 골라 가진다. 어떤 자원을 얼마나 구매했는지, 그래서 무엇을 생산하게 되었는지를 발표한다. 최종 생산품을 많이 만든 팀이 우승한다.
마무리	각 모둠 안에서 발표가 끝나면 모둠 발표자를 1~2팀 뽑아 발표시킨다. 가장 창의적이거나, 다른 모둠에도 알려 주고픈 사례를 선정하도록 한다. 이 과정을 통해 무엇을 알았는지에 대해 정리한 후 수업을 마무리한다.

활동자료 ① 게임 규칙: A4 크기로 1모둠에 1장 출력

글로벌무역 게임 규칙

❖ 게임 준비

1. 세팅 나라 이름 아래로 그 나라의 무역 품목(자원)을 나열한다.

2. 시작 플레이어가 4명일 경우, 책상 가운데에 게임판을 놓고 네 꼭짓점에 있는 나라에 각자의 말을 놓는다.
(플레이어가 5명일 경우, 각기 다른 곳에서 출발하면 된다.)
(플레이어가 6명일 경우, 네 꼭짓점에 각각 하나씩 놓고, 가로로 있는 국가 가운데 중앙의 국가를 선택할 수 있다.)
또는 모두 한곳에서 출발할 수도 있다.

❖ 게임 진행

3. 게임
- 주사위를 굴려 나온 숫자만큼 앞으로 간다.
- 각 나라에 도착하면 그 나라가 가진 자원 가운데 1개를 선택하여 가져갈 수 있다.
- 각 이벤트카드는 정해진 규칙에 따른다.

❖ 게임 승리

4. 결과 각 나라의 자원이 더 이상 남아 있지 않으면 게임을 마무리한다.
(교사의 재량이나 수업의 목표에 따라, 일정한 시간이 지나 플레이어가 4개 이상의 자원카드를 모았을 때 종료할 수 있다.)
게임 종료 후 자신이 가진 자원카드 4개를 합하여 한 가지 생산품을 만들 수 있다.

학생 배부용 게임 규칙

신나는 미디어 교육 보드게임 연구회

활동자료 ② 게임판: A3 크기로 1모둠에 1장 출력

(상단 가로, 좌→우)	캐나다 / 미국 / 멕시코 / 칠레 / 원하는 나라의 자원 1개 가져오기 / 아르헨티나
(우측 세로, 위→아래)	오스트레일리아 / 말레이시아 (ASEAN국가) / 인도네시아 (ASEAN국가) / 태국 (ASEAN국가) / 싱가포르 (ASEAN국가) / ASEAN협약 (가입 국가에서 원하는 자원 1개 가져오기) / 인도
(하단 가로, 우→좌)	사우디아라비아 / 이탈리아 / 영국 / EFTA협약 (가입 국가에서 원하는 자원 1개 가져오기) / 노르웨이 (EFTA국가) / 스위스 (EFTA국가)
(좌측 세로, 아래→위)	아이슬란드 (EFTA국가) / 원하는 팀에서 자원 1개 가져오기 / 러시아 / 중국 / 한국 / 일본 / 덤핑 판정 (가진 자원 중 1개 내어 놓기)

활동자료 ③ 무역 품목표: A4 크기로 1모둠에 1장 출력

러시아	유리, 목재, 사탕무, 콩
중국	노동력, 방직, 캐시미어(솜), 석탄
한국	IT기술, 조선기술, 자동차기술, 전자조립기술
일본	건전지, 수산물, 자동차기술, 과일
캐나다	철광석, 목재, 천연가스, 석탄
미국	담배, 옥수수, 목재, 우주기술
멕시코	천연진주, 커피, 은, 목화
칠레	밀, 구리, 금, 감자
아르헨티나	천연가스, 옥수수, 고구마, 밀
오스트레일리아	철광석, 양털, 밀, 쇠고기
말레이시아	고무, 주석, 목재, 원유
인도네시아	고무, 원목, 카카오, 커피
태국	고무, 목재, 사탕수수, 노동력
싱가포르	주석, 수산물, 고무, 조선기술
인도	카레요리법, 철광석, 석탄, 석유
사우디아라비아	보리, 대추야자, 석유, 대리석
이탈리아	가죽, 농산물, 수은, 대리석
영국	카레가루, 채소, 원유, 감자
노르웨이	곡물, 제지기술, 석유, 철광석
스위스	정밀기계기술, 목재, 과일, 채소
아이슬란드	낙농제품, 토마토, 감자, 목축업기술

활동자료 ④ 자원카드: A3 크기로 1모둠에 1장 출력

이탈리아 가죽	이탈리아 수은	이탈리아 농산물	이탈리아 대리석	영국 카레가루	영국 채소	영국 원유	영국 감자
오스트레일리아 철광석	오스트레일리아 양털	오스트레일리아 밀	오스트레일리아 쇠고기	사우디아라비아 보리	사우디아라비아 대추야자	사우디아라비아 석유	사우디아라비아 대리석
말레이시아 고무	말레이시아 주석	말레이시아 목재	말레이시아 원유	일본 건전지	일본 수산물	일본 자동차기술	일본 과일
중국 노동력	중국 방직	중국 캐시미어(솜)	중국 석탄	한국 IT기술	한국 조선기술	한국 자동차기술	한국 전자조립기술
캐나다 철광석	캐나다 목재	캐나다 천연가스	캐나다 석탄	인도네시아 고무	인도네시아 원목	인도네시아 카카오	인도네시아 커피
인도 카레요리법	인도 철광석	인도 석탄	인도 석유	태국 고무	태국 목재	태국 사탕수수	태국 노동력
러시아 유리	러시아 목재	러시아 사탕무	러시아 콩	아이슬란드 낙농제품	아이슬란드 토마토	아이슬란드 감자	아이슬란드 목축업기술
아르헨티나 천연가스	아르헨티나 옥수수	아르헨티나 고구마	아르헨티나 밀	노르웨이 곡물	노르웨이 제지기술	노르웨이 석유	노르웨이 철광석
싱가포르 주석	싱가포르 수산물	싱가포르 고무	싱가포르 조선기술	EFTA협약 가입국가의 자원 1개 가져오기	EFTA협약 가입국가의 자원 1개 가져오기	EFTA협약 가입국가의 자원 1개 가져오기	EFTA협약 가입국가의 자원 1개 가져오기
미국 담배	미국 옥수수	미국 목재	미국 우주기술	찬스 원하는 팀의 자원 1개 가져오기	찬스 원하는 팀의 자원 1개 가져오기	찬스 원하는 팀의 자원 1개 가져오기	찬스 원하는 팀의 자원 1개 가져오기
멕시코 천연진주	멕시코 커피	멕시코 은	멕시코 목화	덤핑판정 자원 1개 내어놓기	덤핑판정 자원 1개 내어놓기	덤핑판정 자원 1개 내어놓기	덤핑판정 자원 1개 내어놓기
칠레 밀	칠레 구리	칠레 금	칠레 감자	찬스 원하는 나라 자원 1개 가져오기	찬스 원하는 나라 자원 1개 가져오기	찬스 원하는 나라 자원 1개 가져오기	찬스 원하는 나라 자원 1개 가져오기
스위스 정밀기계기술	스위스 목재	스위스 과일	스위스 채소	ASEAN 가입국 자원 1개 가져오기	ASEAN 가입국 자원 1개 가져오기	ASEAN 가입국 자원 1개 가져오기	ASEAN 가입국 자원 1개 가져오기

❖ 학습도움말

　글로벌무역 게임을 할 때, 필요에 따라 자원카드 대신 무역 품목표를 1인에 1개씩 나누어 주고 사용하기도 한다. 이때 연필을 이용하여 무역 품목표에 표시하도록 하면 된다.

　예를 들어 다음과 같이 표시하면 좀 더 복잡하지 않게 수업을 할 수 있다.

> 가져온 품목에는 동그라미,
> 다른 팀이 가져간 품목에는 빗금,
> 찬스로 인해 내 품목을 빼앗겼을 경우에는 엑스,
> 빼앗긴 것을 다시 찾아왔을 때는 동그라미 이중으로 그리기.

　하지만 이럴 경우 내가 가져온 것이 한눈에 보이지 않는다는 것과 게임의 재미를 덜 느끼게 된다는 단점이 있다. 그러므로 중학생까지는 프린트해야 할 것이 많아서 번거롭더라도 자원카드를 사용할 것을 권한다.

　이 게임의 평가는 가져온 자원카드를 활용하여 누가 더 다양한 생산품을 생산하는가에 있다. 기술카드와 노동력카드는 두 가지 방법으로 적용할 수 있다.

　예를 들어 내가 가진 자원카드가 다음과 같다고 가정하자.

러시아 유리	영국 카레가루	영국 감자	중국 노동력	러시아 콩	캐나다 철광석	말레이시아 고무

이 중에서 반드시 있어야 하는 것이 '기술' 또는 '노동력'이었다. 이 카드는 처음 규칙을 어떻게 정했느냐에 따라 사용을 달리할 수 있다. 예를 들어 한 번만 쓸 수 있다고 정했다면 카드 하나를 이곳저곳에 사용할 수 없고 오로지 1개의 생산품에만 사용할 수 있다. 하지만 이러한 규칙을 정하지 않았다면 이중으로 적용할 수 있다.

가령 다음 카드로 카레요리를 만들 수 있다.

| 영국 카레가루 | 영국 감자 | 중국 노동력 | 러시아 콩 |

이때 '카레요리법' 카드가 없어도 '노동력' 카드가 있다면 카레요리를 생산할 수 있다.

또 다음의 네 가지 카드를 가지고 자동차를 만들 수도 있다.

| 러시아 유리 | 중국 노동력 | 캐나다 철광석 | 말레이시아 고무 |

물론 '자동차기술' 카드가 따로 있기는 하지만, 노동력으로도 충분히 대체할 수 있기 때문이다. 이때 '노동력' 카드를 이미 앞에서 사용했다 하더라도, 게임을 시작하기 전에 '기술' 또는 '노동력' 카드를 반드시 한 번만 사용해야 한다는 규칙을 정하지 않았다면 다른 규칙들은 열어두고 진행해도 좋다. 만약 '자동차기술' 카드가 있다면 다음의 카드만으로도 자동차를 생산할 수 있다. 이때 노동력과 기술이 겹쳐도 상관없다.

| 러시아 유리 | 중국 노동력 | 캐나다 철광석 | 한국 자동차기술 |

이쯤에서 의아해하는 선생님들도 있을 것이다. '필요한 요소가 모두 들어간 것도

아닌데, 저 네 가지로 자동차를 생산할 수 있다고?'

수업의 목표는 다양한 나라의 자원들이 모여서 하나의 생산품이 만들어진다는 것을 이해하는 글로벌 체험에 있다. 특정 제품 개발에 어떤 것들이 들어가는지 정확하게 알아보는 게임이 아니다. 또한, 창의적 발상도 함께 해 보자는 게임이다. 그러므로 어느 정도 연관성이 있으면 생산품으로 인정할 수 있다. 이 게임에서 플레이어를 2인 1팀이 아니라 1인 1팀으로 할 수도 있다. 하지만 최종 단계에서 무엇을 만들지 결정할 때는 혼자보다 둘이 머리를 맞댈 때 더 좋은 아이디어를 얻을 수 있다. 그러므로 가능하다면 2인 1팀이 되도록 구성한다.

❖ 학습정리

글로벌무역 게임

다음 질문에 답해 봅시다.

❶ 내가 생산한 제품은 무엇인가요?

❷ 모둠에서 생산한 제품 가운데 가장 창의적인 것은 무엇인가요?
   그 이유도 함께 써 봅시다.

❸ 모둠에서 생산한 제품 가운데, 가장 기억나는 것은 무엇인가요?
   그 이유도 함께 써 봅시다.

수업에서 가장 기억에 남은 것을 기록해 봅시다.

❖ 평가

게임 후 셀프 체크리스트 (1:부족함, 2:보통, 3:잘함)

평가 내용	1	2	3
1. 게임의 내용을 충분히 이해했는가?			
2. 게임의 룰을 잘 지켰는가? (게임의 방법적인 규칙)			
3. 같은 모둠원과 협력이 잘 되었는가?			
4. 적극적으로 참여했는가?			
5. 예의를 갖추어 게임을 했는가? (대화, 게임 순서 지키기 등)			
게임 후 소감 (어려운 점, 즐거운 점, 깨달은 점)			

루브릭 평가

평가 요소	세부 내용	1	2	3
지식 및 이해력	각 나라의 경제 자원에 대해 알게 되었다.			
협업 능력	다른 모둠원들과 의사소통하며 모둠별 활동에 적극적으로 참여했다.			
창의적 사고력	새로운 상품이나 사업을 구상할 수 있었다.			

세계투자 게임

❖ 학습목표
각 나라의 경제 활동에 투자하는 체험 활동을 통해, 투자에 대해 이해하고 투자의 가치에 대해 생각한다.

- **지식정보처리 역량**

  투자를 위해 알아야 하는 정보가 많음을 알고, 정보를 바탕으로 문제를 처리하고 활용할 수 있는 능력을 기른다.

- **자기관리 역량**

  투자에 있어 자기 절제와 관리를 철저히 할 수 있다.

- **창의적 사고 역량**

  폭넓은 기초 지식을 바탕으로 전문 분야의 지식, 기술, 경험을 종합적으로 활용할 수 있는 능력을 기른다.

❖ 준비물
활동자료, 주사위, 말

❖ 학습절차

도입	모둠 짓기 은행원 1명과 투자자 3~5명으로 한 모둠을 구성한다.
진행1	최근 경제 뉴스 가운데 투자와 관련된 이야기로 접근한다. 신문에 삽입된 경제 지면을 읽게 하거나, 국제면을 통해 국제 정세를 알게 하는 등의 활동을 함께 하면 좋다. 투자에 대해 이해했다면 놀이를 통해 정리해 보자.

	이 게임은 해피머니가 오가는 게임이다. 게임을 하기 전에 반드시 게임을 하면서 지켜야 하는 예절, 즉 인성에 관한 이야기를 나누어야 한다.
진행2	게임에 필요한 카드는 학습자들이 직접 잘라서 만들어도 좋다. 주어진 게임으로 놀이만 하는 것보다 직접 자르고 세팅하는 과정을 통해, 게임을 만드는 데 필요한 것들을 익히게 된다. 실제 이렇게 직접 자르고 맞춰 가며 놀아본 친구들은 게임 만들기를 어려워하지 않는다. 이 게임은 해피머니, 투자카드, 투자 현황판, 게임판 등 사용하는 자료가 많다. 그러므로 책상을 잘 정리하고 진행한다.
마무리	게임을 마친 후 해피머니를 가장 많이 가지고 있는 사람이 이긴다. 이 게임 후 주식이나 코스닥, 나스닥, 코인 등 투자와 연결하여 마무리해도 좋다.

활동자료 ① 게임 규칙: A4 크기로 1모둠에 1장 출력

세계투자 게임 규칙

❖ 게임 준비

1. 세팅   게임판을 중앙에 놓고, 투자카드를 나라별로 올려놓는다.

은행원 : 해피머니와 투자 현황표를 받는다.

투자자 : 각각 2만 해피머니씩 받는다. 플레이어가 4명일 경우, 책상 가운데에 게임판을 놓고 네 꼭짓점에 있는 나라에 각자의 말을 놓는다.

2. 시작   플레이어가 원하는 곳에서 출발하거나, 모두 한곳에서 출발할 수 있다.

❖ 게임 진행

3. 게임
- 주사위를 굴려 나온 숫자만큼 앞으로 간다.
- 도착한 나라의 자원 가운데 하나를 선택하여 투자한다. (투자는 1천 원 단위이며, 해피머니를 내고 투자카드를 가져간다.)
- 투자자의 투자가 끝나면 은행원은 투자 현황표를 토대로 득과 실을 계산하여 이윤을 배분한다.
- 정해진 시간이 되면 게임을 종료한다.

❖ 게임 승리

4. 결과   투자에 성공하여 해피머니를 가장 많이 가진 사람이 승리한다.

학생 배부용 게임 규칙

활동자료 ② 게임판 : A3 크기로 1모둠에 1장 출력

신나는 미디어 교육 보드게임 연구회

미국	
멕시코	
지우개 찬스	은행으로부터 1회 투자 자문 받을 수 있음
브라질	
칠레	
아르헨티나	
더하기 찬스	은행으로부터 1회 투자자문 받을 수 있음 (제자리)
일본	
중국	
인도	
꽝!	투자할 나라로 가는 비행기름 놓침 (한 번 쉬기)
러시아	
영국	
덴마크	
그리스	
이탈리아	
더하기 찬스	투자자 선택 후 1회 투자 자문 받을 수 있음(한 칸 앞으로)
나이지리아	
사우디아라비아	
인도네시아	
솔로바키아	
베트남	
오스트레일리아	
꽝!	투자할 나라로 가는 배를 놓침 (한 번 쉬기)

활동자료 ③ 해피머니: A4 크기로 1모둠에 10장 출력

활동자료 ④ 해피머니: A4 크기로 1모둠에 10장 출력

활동자료 ⑤ 해피머니: A4 크기로 1모둠에 5장 출력

활동자료 ⑥ 투자카드: A3 크기로 1모둠에 1장 출력

영국 석유가스 개발에 투자	영국 증권시장에 투자	영국 건설산업에 투자	영국 나노기술 개발에 투자	미국 증권시장에 투자	미국 아로마테라피 산업에 투자	미국 항공산업에 투자	미국 실리콘 산업에 투자
러시아 석유가스 개발에 투자	러시아 인터넷구축 기술에 투자	러시아 유연탄 개발에 투자	러시아 주식시장에 투자	멕시코 철강개발에 투자	멕시코 광산개발에 투자	멕시코 목화산업에 투자	멕시코 은 생산에 투자
인도 주식시장에 투자	인도 한류산업에 투자	인도 시리얼 산업에 투자	인도 자동차 산업에 투자	브라질 제철산업에 투자	브라질 자동차산업에 투자	브라질 슬라브제조 업에 투자	브라질 석유산업에 투자
중국 건설산업에 투자	중국 석탄개발에 투자	중국 상하이 자동차에 투자	중국 주식시장에 투자	칠레 포도시장에 투자	칠레 IT산업에 투자	칠레 광업에너지 산업에 투자	칠레 건설산업에 투자
덴마크 낙농산업에 투자	덴마크 양조산업에 투자	덴마크 레고산업에 투자	덴마크 가구산업에 투자	오스트레일리아 설탕시장에 투자	오스트레일리아 낙농업에 투자	오스트레일리아 곡물시장에 투자	오스트레일리아 주식시장에 투자
일본 철강산업에 투자	일본 주식시장에 투자	일본 부동산시장에 투자	일본 IT산업에 투자	아르헨티나 원자력 기술에 투자	아르헨티나 생명공학 기술에 투자	아르헨티나 천연가스 산업에 투자	아르헨티나 옥수수시장에 투자
베트남 석유산업에 투자	베트남 주식시장에 투자	베트남 제철산업에 투자	베트남 쌀시장에 투자	그리스 관광산업에 투자	그리스 담배산업에 투자	그리스 휴대폰 기술에 투자	그리스 올리브시장에 투자
슬로바키아 자동차산업에 투자	슬로바키아 타이어공장에 투자	슬로바키아 유제품산업에 투자	슬로바키아 광물시장에 투자	지우개 찬스 은행으로부터 1회 투자 자문 받을 수 있음	지우개 찬스 은행으로부터 1회 투자 자문 받을 수 있음	지우개 찬스 은행으로부터 1회 투자 자문 받을 수 있음	지우개 찬스 은행으로부터 1회 투자 자문 받을 수 있음
인도네시아 섬유공장에 투자	인도네시아 주식시장에 투자	인도네시아 부동산시장에 투자	인도네시아 한류산업에 투자	지우개 찬스 은행으로부터 1회 투자 자문 받을 수 있음	지우개 찬스 은행으로부터 1회 투자 자문 받을 수 있음	지우개 찬스 은행으로부터 1회 투자 자문 받을 수 있음	지우개 찬스 은행으로부터 1회 투자 자문 받을 수 있음
사우디아라비아 석유산업에 투자	사우디아라비아 전자산업에 투자	사우디아라비아 시멘트산업에 투자	사우디아라비아 고속철사업 기술에 투자	더하기 찬스 은행으로부터 1회 투자 자문 받을 수 있음	더하기 찬스 은행으로부터 1회 투자 자문 받을 수 있음	더하기 찬스 은행으로부터 1회 투자 자문 받을 수 있음	더하기 찬스 은행으로부터 1회 투자 자문 받을 수 있음
나이지리아 석유산업에 투자	나이지리아 통신산업에 투자	나이지리아 항공산업에 투자	나이지리아 카카오시장에 투자	더하기 찬스 투자자로부터 1회 투자 자문 받을 수 있음	더하기 찬스 투자자로부터 1회 투자 자문 받을 수 있음	더하기 찬스 투자자로부터 1회 투자 자문 받을 수 있음	더하기 찬스 투자자로부터 1회 투자 자문 받을 수 있음
이탈리아 의약산업에 투자	이탈리아 주식시장에 투자	이탈리아 패션산업에 투자	이탈리아 정밀기계 산업에 투자	꽝! 배도 놓치고, 비행기도 놓치고 한 번 쉬기	꽝! 배도 놓치고, 비행기도 놓치고 한 번 쉬기	꽝! 배도 놓치고, 비행기도 놓치고 한 번 쉬기	꽝! 배도 놓치고, 비행기도 놓치고 한 번 쉬기

활동자료 활동자료 ⑦ 투자 현황판: A4 크기로 1모둠에 1장 출력

국가	투자 항목	결과
영국	나노기술개발에 투자	IT기술 발달했으나 중국시장 확대로 투자수익률 0%
	건설산업에 투자	하계 올림픽 유치로 건설업이 활발하여 30% 이익
	증권시장에 투자	증권시장 호황으로 20% 이익
	석유가스개발에 투자	정유공장 폭발사고로 20% 손실
러시아	석유가스개발에 투자	중국-카자흐스탄 송유관 건설로 30% 이익
	인터넷구축기술에 투자	넓은 땅과 낮은 국민소득으로 부진했으나 오일머니로 10% 이익
	유연탄개발에 투자	투자한 유연탄 탄광에서 국내 수입량 대체. 50% 이익
	주식시장에 투자	개인 투자에 참여했으나 잘못 선택한 주식으로 30% 손실
인도	주식시장에 투자	주식시장 호황이나 개인 투자 제대로 못 해 20% 손실
	한류산업에 투자	드라마 대장금의 인기로 한류 바람 타고 한국 음식에 투자 10% 이익
	시리얼산업에 투자	다이어트 열풍으로 시리얼에 투자했으나 판매 부진으로 20% 손실
	자동차산업에 투자	현대자동차가 투자한 자동차산업에 동반투자하여 30% 이익
중국	건설산업에 투자	아시아대회와 올림픽 유치로 건설업이 활성화됨. 20% 이익
	석탄개발에 투자	중국 내 석탄개발에 투자 제한이 생기기 시작함. 투자수익률 0%
	상하이자동차에 투자	쌍용자동차(한국)와 로버자동차(영국) 사들임. 투자수익률 0%
	주식시장에 투자	현재 주식시장 호황이며, 신중한 투자로 30% 이익
덴마크	낙농산업에 투자	세계 최대 낙농 강국으로 유제품 수요 증가에 따른 20% 이익
	양조산업에 투자	전체 생산량의 1/3을 수출. 맥주 칼스버그에 투자하여 10% 이익
	레고산업에 투자	투자한 레고 회사의 경영난 악화로 30% 손실
	가구산업에 투자	스웨덴, 핀란드와 함께 스칸디나비안 디자인을 특화하여 10% 이익
일본	철강산업에 투자	국내 기업이 진출한 일본 철강산업에 투자하여 10% 이익
	주식시장에 투자	경기회복에 대한 기대감으로 주식시장이 활기를 띠어 20% 이익
	부동산에 투자	수익성이 낮은 곳에 투자하여 20% 손실
	IT산업에 투자	IT산업에 지속적인 투자가 진행되어 10% 이익

국가	투자 분야	설명
미국	주식시장에 투자	투자를 제대로 파악하지 못해 10% 손실
	아로마테라피산업에 투자	탈스트레스산업의 호황으로 30% 이익
	항공산업에 투자	소규모 항공사의 고급화로 10% 이익
	실리콘산업에 투자	실리콘 부작용에 대한 제소로 20% 손실
멕시코	철강개발에 투자	현재 개발단계로 투자 진행 중. 수익은 5년 후에나 가능. 30% 손실
	광산개발에 투자	유입된 다른 투자가 많아 나의 이익은 10%밖에 안 됨.
	목화산업에 투자	목화를 면직물로 만들어 판매하고 있어 50% 이익
	은 생산에 투자	은 생산량 세계 1위를 기록하고 있어 30% 이익
브라질	제철산업에 투자	세계최대 철광석 회사에 투자하여 50% 이익
	자동차산업에 투자	국내기업이 진출하여 설비 중인 곳에 투자. 수익은 5년 뒤. 10% 손실
	슬라브제조업에 투자	건설노동자 파업으로 슬라브 가격 하락. 20% 손실
	석유산업에 투자	브라질 국가의 지원으로 사업에 활기를 띰. 30% 이익
칠레	포도시장에 투자	FTA 체결로 사업하기 좋음. 한국물량을 책임지기로 함. 20% 이익
	IT산업에 투자	FTA 체결로 한국기술로 IT 사업하기 좋은 환경 조성. 10% 이익
	광업에너지산업에 투자	한국의 에너지 마련을 위해 꼭 필요함. 이득은 없음. 0%
	건설산업에 투자	에너지시설 등 건설 분야 공사가 활발히 이루어짐. 10% 이익
오스트레일리아	설탕시장에 투자	한미 FTA의 체결로 호주에 불리한 상황. 10% 손실
	낙농업에 투자	미국산 소고기의 광우병 문제로 호주산 소고기가 인기. 30% 이익
	곡물(밀)시장에 투자	총생산량의 50%를 수출함. 20% 이익
	주식시장에 투자	투자에 대한 정보가 많지 않아 이득이 없음. 수익률 0%
아르헨티나	원자력기술에 투자	원자력기술 강국으로 열강들의 투자가 이어짐. 10% 이익
	생명공학기술에 투자	형질전환작물 재배로 살충제 사용 감소와 수확량 증대. 10% 이익
	천연가스산업에 투자	한국의 사용량을 이곳에서 공급받기로 계약함. 30% 이익
	옥수수시장에 투자	열매와 잎을 모두 수출함. 20% 이익
베트남	석유산업에 투자	대형 프로젝트에 참여했으나 외국인투자가 늘어 10%만 이익
	주식시장에 투자	국영기업 등 유망한 장기펀드에 투자. 장기펀드라 현재 수익률 0%

국가	투자 분야	설명
베트남	제철산업에 투자	국내 기업이 진출한 제철산업에 투자했으나 당장 이익 없음. 0%
	쌀시장에 투자	세계 제2의 쌀 수출국으로 20% 이익
슬로바키아	자동차산업에 투자	유럽 판매를 겨냥한 세계적 자동차회사들이 이곳에 모임. 10% 이익
	타이어공장에 투자	국내 기업이 진출한 산업에 투자. 유럽 판매가 쉬워져 30% 이익
	유제품산업에 투자	유제품의 수요 증가로 이익도 50% 증대
	광물(암염)시장에 투자	매장량이 많지 않아 수익이 거의 없다. 0% 이익
인도네시아	섬유공장에 투자	현지 합작 파트너와 갈등 빚어 타국으로 이전 함. 50% 손실
	주식시장에 투자	주식시장에 투자해 고수익을 거둠. 20% 이익
	부동산시장에 투자	이민 후 보금자리로 각광받아 부동산 가격 상승. 30% 이익
	한류산업에 투자	한때 한류가 유행이었으나 한류의 침체로 10% 손실
사우디 아라비아	석유산업에 투자	오일샌드 등 비재래적 석유 등장으로 공급과잉. 20% 손실
	전자산업에 투자	우상숭배 금지 이유로 정부의 TV 생산 규제 심함. 10% 손실
	시멘트산업에 투자	사우디 내 건설 경기 붐으로 수요 늘어남. 20% 이익
	고속철사업기술에 투자	기술력 투자이므로 적은 비용으로 이익 창출. 30% 이익
나이지리아	석유산업에 투자	세계 제7대 산유국. 오일샌드 등의 등장으로 공급과잉. 20% 손실
	통신산업에 투자	중국이 투자한 이동통신사 등에 투자. 20% 이익
	항공산업에 투자	나이지리아 국영 항공사의 부도. 투자 전액 100% 손실
	카카오시장에 투자	스위스 초콜릿 회사에 원료를 공급함. 30% 이익
이탈리아	의약산업에 투자	투자는 증가하였지만 매출은 증가하지 않아 배당된 이익 0%
	주식시장에 투자	유로화 강세와 세금 인상 등으로 이익 감소. 10% 손실
	패션산업에 투자	한글 디자인 패션에 투자. 희소성의 가치로 30% 이익
	정밀기계산업에 투자	일본에서도 기술을 배워갈 정도의 고부가가치산업. 20% 이익
그리스	관광산업에 투자	크레타섬을 고급휴양지로 개발하는 데 동참. 관광객 줄어 20% 손실
	담배산업에 투자	한국 담배의 맛을 내는 그리스 잎담배를 독점 공급하게 되어 20% 이익
	휴대폰기술에 투자	한국산 휴대폰을 갖고 싶어 하는 그리스인들에게 인기. 20% 이익
	올리브시장에 투자	세계수출 2위 올리브기름과, 3위 올리브열매의 높은 인기로 30% 이익

❖ 학습도움말

주사위를 굴려 나온 숫자만큼 앞으로 진행하여 도착한 나라의 종목 네 가지 가운데 한 가지를 선택하여 투자하는 게임이다. 투자는 1천 원 단위로 할 수 있는데, 투자 이후 이익이나 손실을 염두에 두고 신중히 선택해야 한다.

투자자들의 투자가 다 끝나면 은행원은 투자 현황표를 토대로 득과 실을 계산하여 이윤을 분배한다. 이때 계산은 '100원 이하는 끊어내기' 등의 기준을 모둠 안에서 정하거나, 교실 전체에서 수업 전에 미리 결정하면 된다.

게임은 일정 시간(5~10분) 동안 진행하거나, 주사위를 던질 수 있는 횟수를 제한하거나 지도자가 임의로 종료할 수 있다. 필자의 경험상 지도자가 10분의 시간을 주고, 시간이 다 되면 중지를 외치는 형태로 진행하는 것이 가장 효율적이다.

이벤트카드

더하기 찬스
투자자로부터
1회 투자 자문
받을 수 있음

이 카드는 한 칸 앞으로 간 나라에서, 혼자 투자하여 이윤을 남길 자신이 없다면 다른 투자자에게 1회 투자 자문을 받을 수 있는 카드다. 단, 투자의 책임은 투자자 스스로 질 수 있어야 하므로 신중하게 최종 선택해야 한다.

더하기 찬스
은행으로부터
1회 투자 자문
받을 수 있음

이 카드는 제자리에서 투자 자문을 받을 수 있는 카드다. 투자자가 주사위로 이동한 나라에서 은행원에게 투자 자문을 받을 수 있다. 이때 은행원은 투자자가 설명을 듣고 선택을 고민할 수 있도록 최대한 둘러서 설명해야 한다.

| **지우개 찬스**
은행으로부터
1회 투자 자문
받을 수 있음 | 투자자가 특정 국가에 도착하여 이 카드를 제시하면 은행원은 그 나라의 투자 목록 가운데 한 가지를 지워 주어야 한다. |

이 게임은 해피머니가 오가는 게임이다. 가짜 돈임에도 불구하고 돈을 다루게 되면, 학생들뿐만 아니라 어른들도 치열해지기 마련이다. 그러므로 보드게임 도중 싸우거나 막말을 하지 않도록, 게임 시작 전에 게임 예의에 대한 이야기를 나누도록 한다.

❖ 학습정리

세계투자 게임

다음 질문에 답해 봅시다.

❶ 나의 투자 결과를 기록해 봅시다.

❷ 세계투자 게임에서 중요한 것은 무엇이라고 생각하나요?

❸ 모둠에서 투자를 가장 잘 한 사람은 누구며, 그 이유는 무엇인가요?

수업에서 가장 기억에 남은 것을 기록해 봅시다.

❖ 평가

게임 후 셀프 체크리스트 (1:부족함, 2:보통, 3:잘함)

평가 내용	1	2	3
1. 게임의 내용을 충분히 이해했는가?			
2. 게임의 룰을 잘 지켰는가? (게임의 방법적인 규칙)			
3. 같은 모둠원과 협력이 잘 되었는가?			
4. 적극적으로 참여했는가?			
5. 예의를 갖추어 게임을 했는가? (대화, 게임 순서 지키기 등)			
게임 후 소감 (어려운 점, 즐거운 점, 깨달은 점)			

루브릭 평가

평가 요소	세부 내용	1	2	3
지식 및 이해력	각 나라의 상황을 바탕으로 투자해야 함을 알게 되었다.			
자기관리 능력	게임에 예의를 지키며 참여했다.			
창의적 사고력	경제에 대한 폭넓은 지식을 종합적으로 습득할 수 있었다.			

나가며

교육의 게임화, 이제 시작이다

"요새 유행이잖아요. 근데 또 얼마 안 가서 바뀔 거예요."

얼마 전에 만난 선생님이 보드게임을 두고 한 말이다. 모든 것에는 유행이 있으니, 그 말도 틀리지 않아 보인다. 그러나 1883년 독일의 라벤스부르그라는 도시에서 설립된 보드게임 전문회사 라벤스부르거는 지금까지 동물, 자연, 역사, 도시, 건물과 같은 다양한 주제와 스토리로 끊임없이 새로운 보드게임을 출시하고 있다. 그리고 많은 교육기관에서 아이들의 지능개발이나 성장에 도움이 되는 놀이교육에 활용되고 있다. 한국에도 보드게임이 많이 보급되었다. 보드게임을 통해 아이들은 결과보다는 과정의 인과관계를 분석하여 생각하는 능력을 기르게 되고, 판단력과 커뮤니케이션 능력을 계발하는 데도 도움이 된다. 이러한 효과를 인정받아 많은 학교가 교실로 보드게임 교구를 들여오게 되었고, 현재는 대부분의 초등학교 교실에 한 가지 이상의 보드게임이 있다고 해도 과언이 아니다.

교실로 들어온 보드게임은 교육과 접목되면서 학습자 곁으로 한 발 더 가까이 다가왔다. 수학 보드게임이 가장 쉬운 예다. '파라오코드'로 사칙연산을 복습하고, '쉐어로'로 분수를 익힌다. 여기에서 더 나아가 책과 보드게임을 연결하는 독서교실도 생겨났다. 예를 들어 《마당을 나온 암탉》을 읽고 '치킨 차차'를 하거나, 《브레멘의 동물 음악대》를 읽고 '숲속의 음악대'를 하는 방식이다.

하지만 언제까지 주어진 게임만 수동적으로 할 것인가? 그리고 언제까지 교육이 아닌 놀이만으로 끝낼 것인가? 이 책 속에 담긴 게이미피케이션 과정과 교육용 보드게임들은 그러한 생각에서 탄생했고, 실제 학생들과 수업에서 다뤘던 게임들을 담고 있다.

물론 이 책에 있는 보드게임들이 모두 재미라는 요소를 잡았다고 자신할 수는 없다. 그러나 학습자가 수업을 더 쉽고 재미있게 했다는 것은 자부한다. 우리가 진행하는 게이미피케이션의 목적이 게임 자체가 아니라 교육이라는 점에서 목표를 달성했다고 본다.

이 책을 끝까지 읽고 직접 게임을 해 보았다면 교육 게임화를 쉽게 이해할 것이다. 그러나 막막하다고 이야기하는 사람도 있을 수 있다. 게임에 필요한 다양한 규칙이나 사전교육 등 고려할 사항들이 많기 때문이다. 그러나 너무 어렵게 생각하지 말자. 게이미피케이션은 수업의 재미와 몰입도를 높이기 위해 도입하는 것일 뿐이다. 그러므로 긍정의 마음부터 갖길 바란다. 쉬운 것부터 하나씩 다시 따라 해 보자. 그리고 주위 사람들과 함께 게임을 자주 즐기자. 분명 교육 게임화의 개념이 정립될 것이다.

보드게임, 교육과 만나다

초판 1쇄 발행 2018년 5월 25일
초판 4쇄 발행 2021년 6월 28일

지은이 박점희 · 은효경
펴낸이 이범상
펴낸곳 (주)비전비엔피 · 애플북스

기획 편집 이경원 현민경 차재호 김승희 김연희 고연경 최유진 황서연 김태은 박승연
디자인 최원영 이상재 한우리
마케팅 이성호 최은석 전상미
전자책 김성화 김희정 이병준
관리 이다정

주소 우 04034 서울특별시 마포구 잔다리로7길 12 (서교동)
전화 02) 338-2411 | **팩스** 02) 338-2413
홈페이지 www.visionbp.co.kr
이메일 visioncorea@naver.com
원고투고 editor@visionbp.co.kr
인스타그램 www.instagram.com/visioncorea
포스트 post.naver.com/visioncorea

등록번호 제313-2007-000012호
ISBN 979-11-86639-72-6 / 13370

· 값은 뒤표지에 있습니다.
· 잘못된 책은 구입하신 서점에서 바꿔드립니다.

도서에 대한 소식과 콘텐츠를
받아보고 싶으신가요?